星云大师

迷悟之间

结缘

幸福箴言

中华书局

图书在版编目(CIP)数据

结缘:幸福箴言/星云大师著.—北京:中华书局,2014.11
(2015.6重印)
(迷悟之间)
ISBN 978 - 7 - 101 - 10237 - 6

Ⅰ.结… Ⅱ.星… Ⅲ.佛教 - 人生哲学 - 通俗读物
Ⅳ.B948 - 49

中国版本图书馆 CIP 数据核字(2014)第 141890 号

本书由上海大觉文化传播有限公司独家授权出版中文简体字版

书　　名　结缘:幸福箴言
著　　者　星云大师
丛 书 名　迷悟之间
责任编辑　焦雅君
出版发行　中华书局
　　　　　（北京市丰台区太平桥西里 38 号　100073）
　　　　　http://www.zhbc.com.cn
　　　　　E-mail:zhbc@zhbc.com.cn
印　　刷　北京瑞古冠中印刷厂
版　　次　2014 年 11 月北京第 1 版
　　　　　2015 年 6 月北京第 2 次印刷
规　　格　开本/889×1194 毫米　1/32
　　　　　印张 6¾　插页 8　字数 80 千字
印　　数　6001 - 9000 册
国际书号　ISBN 978 - 7 - 101 - 10237 - 6
定　　价　33.00 元

星云

迷悟一念之间 ·······································

从二〇〇〇年四月一日开始,我每日提供一篇"迷悟之间"的短文给《人间福报》,写了近四年,共一一二四篇。也于二〇〇四年七月结集编成十二本书,由台湾的香海文化出版。

此套书截至目前发行量已近两百万册。曾持续被《亚洲周刊》、金石堂、诚品等书局列入畅销书排行榜,三十一位高中校长联合推荐,以及许多读书会以此书作为研读讨论的教材,不少学生也因看了《迷悟之间》而提升了写作能力等等。

由于此套书具有人间性和普遍性,深受海内外人士的喜爱,除了中文版,其他国家语言的版本有:英文、西班牙文、韩文、日文……全球各种译本的发行量突破了五十万册。尤其难得的是,大陆"百年老店"中华书局也要在二〇一〇年五月出版中文简体版,乐见此套书能在大陆发行。

曾有几位作家疑惑地问我:"每日一篇的专栏,要持续三四年,实非易事! 你又云水行脚,法务倥偬,是怎么做到的呢?"

回顾这些年写《迷悟之间》的情形，确实，我一年到头在四处弘法，极少有完整的、特定的写作时间。有时利用会议或活动前的少许空档，完成一两篇；有时在跑香、行进间，思绪随着脚步不停地流动；长途旅行时，飞机舱、车厢里，更常是我思考、写作的好场所。

每天见报，是一种不可推卸的责任；读者的期待，则是不忍辜负的使命。虽然不见得如陆机的《文赋》所言："思风发于胸臆，言泉流于唇齿"，但因平时养成读书、思考的习惯，加上心中恒存对国家社会、宇宙人生、自然生命、生活现象、人事问题等等的留意与关怀，所以，写这些文章并不是太困难的事。倒是篇数写多了，想"题目"成了最让我费心的！因此，每当集会、闲谈时，我就请弟子们或学生们脑力激荡，提出各种题目。只要题目有了，我稍作思考，往往只要三五分钟，顶多二十分钟，就能完成一篇或讲理述事、或谈事论理的文章。

犹记当初为此专栏定名时，第一个想到的名称是"正邪之间"，继而一想，"正邪"二字，无论是文字或意涵，都嫌极端与偏颇，实在不符合佛教的中道精神，遂改为"迷悟之间"。我们一生当中，谁不曾迷？谁不曾悟？迷惑时，无明生起，烦恼痛苦；觉悟后，心开意解，欢喜自在。

其实，迷悟只在一念之间！一念迷，愁云惨雾；一念悟，慧日高悬。正如经云："烦恼即菩提，菩提即烦恼！"菠萝、葡萄的酸涩，经由阳光的照射、和风的吹拂，酸涩就可以成为甜蜜的滋味。所以，能把迷的酸涩，经过一些自我的省思、观照，当下就是悟的甜蜜了。

曾经有些读者因为看了《迷悟之间》而戒掉嚼槟榔、赌博、酗酒的坏习惯；也有人因读了《迷悟之间》而心性变柔软，能体贴他人，或改善家庭生活品质，甚至有人因而打消自杀的念头……凡此，都是令人欣慰的回响。

《六祖坛经》里写道："不悟，佛是众生；一念转悟，众生是佛。"迷与悟，常常只在一念之间！祈愿这一千余篇的短文，能轻轻点拨每个人本自具足的清净佛性，让阅读者皆能转迷为悟、转苦为乐、转凡为圣。

星云

二〇一〇年二月

于佛光山法堂

星云大师传略

　　星云大师，江苏江都人，一九二七年生，为禅门临济宗第四十八代传人。十二岁于宜兴大觉寺礼志开上人出家，一九四九年赴台，一九六七年开创佛光山，以弘扬"人间佛教"为宗风，树立"以文化弘扬佛法，以教育培养人才，以慈善福利社会，以共修净化人心"之宗旨，致力推动佛教文化、教育、慈善、弘法等事业。

　　在出家一甲子以上的岁月里，大师陆续于世界各地创建二百余所道场，并创办十八所美术馆、二十六所图书馆、四家出版社、十二所书局、五十余所中华学校、十六所佛教丛林学院，以及智光商工、普门高中、均头中小学等。此外，先后在美国、中国台湾、澳洲创办西来、佛光、南华及筹办中的南天等四所大学。二〇〇六年，西来大学正式成为美国大学西区联盟(WASC)会员，为美国首座由华人创办并获得该项荣誉之大学。

　　一九七七年成立"佛光大藏经编修委员会"，编纂《佛光大藏经》、《佛光大辞典》。一九九七年出版《中国佛教白话经典宝藏》，一九九八年创立人间卫视，二〇〇〇年创办佛教第一份日报《人间福报》，二〇〇一年将发行二十余年的《普门》杂志转型为《普门学报》论文双月刊，同时成立"法藏文库"，收录海峡两岸有关佛学的硕、博士论文及世界各地汉文论文，辑成《中国佛教学术论典》、《中国佛教文化论丛》各一百册等。

大师著作等身，总计二千万言，并翻译成英、日、西、葡等十余种文字，流通世界各地。于大陆出版的有《佛光菜根谭》、《释迦牟尼佛传》、《佛学教科书》、《往事百语》、《金刚经讲话》、《六祖坛经讲话》、《人间佛教系列》、《星云大师人生修炼丛书》、《另类的财富》等五十余种。

大师教化宏广，计有来自世界各地之出家弟子千余人，全球信众则达数百万之多；一生弘扬人间佛教，倡导"地球人"思想，对"欢喜与融和、同体与共生、尊重与包容、平等与和平、自然与生命、圆满与自在、公是公非、发心与发展、自觉与行佛"等理念多所发扬。一九九一年成立国际佛光会，被推为世界总会会长；于五大洲成立一百七十余个国家地区协会，成为全球华人最大的社团，实践"佛光普照三千界，法水长流五大洲"的理想。二〇〇三年通过联合国审查肯定，正式加入"联合国非政府组织"(NGO)。

大师自一九八九年访问大陆后，便一直心系祖国的统一。近年回宜兴复兴祖庭大觉寺，并捐建扬州鉴真图书馆、接受苏州寒山寺的赠钟，期能促进祖国统一，带动世界和平。

大师对佛教制度化、现代化、人间化、国际化的发展，可说厥功至伟！

目 录

给人一些因缘

在人世间，有许多的好事值得我们去做，例如布施、守法、奉献、服务等；在很多的善法之中，没有比"给人一些因缘"更为重要。

田园里的花草，你给它一些雨露，它会生长得更美丽；树上的鸟雀，你给它一些稻谷，它会展现嘹亮的歌喉。学生，你给他一些鼓励，就是给他一些好因好缘；老师，你给他一些赞美，就是给他一些好因好缘。

好的商品，你帮助它推荐；选贤与能，你帮忙他拉票，这都是给人好因好缘。有时候用一个鼓励的眼神，也能助人向上；甚至随喜随缘，不障碍别人的好事，更是无上的好因好缘。

其实，世间可以给人因缘的地方很多，父母子女之间应该互相给予好因好缘；同事朋友之间，也应该彼此给予对方一些好因好缘。佛陀在临涅槃时说："与我有缘的众生，我皆已度脱；与我没有来往的众生，我也已经为他们作了得度的因缘。"

佛教史上，因为安道诚布施了十两助道金给惠能大师，后来终于成为一代祖师；黄檗希运叫临济义玄参访高安大愚，他终于言下大悟，故有后来的临济子孙满天下。

马祖道一的嫂嫂经其指导，终于在"听鸡蛋"多年之后，悟道得度；世亲菩萨因为胞兄无着的接引，故能"回小向大"，成为千部论师。

有的人用一句话，可以给人入道因缘；有的人写一封推荐书，也可以助人留名青史。唐朝"文起八代之衰"的大文豪韩愈，参访大颠和尚时，因为侍者一句"先以定动，后以智拔"，终于寻得佛法的入门；齐国大夫宁戚，因为管仲的一封介绍函，终受齐桓公的重用，后来果然帮助桓公游说宋国，使宋国不战而降，加入盟约。

历史上多少领袖，之所以成为领袖，都是因为他们肯给人一些因缘，才能让他人有所成就；企业界之所以能延揽人才，也是因为提供好的因缘机会，才能让各种人才发挥所长。

在不伤害自己而于人有利的情况下，给人因缘越多越好。给人一些好因好缘，就是自己广结善缘之道，也是自我成就之道；给人一些好因好缘，不但利人，而且利己，何乐而不为呢？

人生的敌人

敌人，就是和我们作对的人、障碍我们的人、陷害我们的人、想要消灭我们的人；但是，真正的敌人，其实就是我们自己。

为什么我们自己是自己的敌人呢？我懒惰，懒惰就是我的敌人；我怨恨，怨恨就是我的敌人；我自私，自私就是我的敌人；我虚假，虚假就是我的敌人。

一个人如果不重视情义，朋友都是我们的敌人；一个人如果利益不能分享大家，亲人眷属也都是我们的敌人。甚至不照顾家庭，家人也是我们的敌人；不净化思想、不培养正念，自己的身心都是我们的敌人。

如果我们不爱护国家，出卖国家当汉奸，等到国破家亡，做了亡国奴，自己不就是自己的敌人？不尽职工作，任令工厂倒闭，生意关门，自己失业了，这不就是自己是自己的敌人吗？

有的人喝酒，酒能乱性闯祸，这不就是自己成为自己的敌人？花天酒地，不重视健康，身体病了，自己不就是自己的敌人吗？

贤能的人本来应该亲近，视为朋友，但是你妒贤害能，结果自己也没有得到利益，反而失败，这不就是自己成为自己的敌人吗？同室操戈、兄弟阋墙，看起来好像是打击别人，实际上是削弱自己的手足，这不是自己是自己的敌人吗？

佛经上说："魔鬼不在心外，魔鬼是在自己的心中。"我们的身心养了很多的魔鬼敌人：贪瞋愚痴、消极疑嫉，都是我们的敌人；忧悲烦恼、傲慢自大，也都是我们的敌人啊！

禅宗四祖道信禅师当初参访僧璨禅师时，请求僧璨禅师为其开示解脱的法门。僧璨禅师反问道信："谁束缚你？"道信想了一想，说："没有人束缚我。"僧璨禅师道："既然没有人束缚你，你又何必另求解脱的法门呢？"可见，我们都是"自我束缚"，自己障碍自己。

王阳明说："擒山中之贼易，捉心中之贼难。"自己的敌人在自己的心中；心外的敌人容易对付，心中的敌人不容易降服。所以《金刚经》要我们"降伏其心"；能够"降伏其心"，才能降伏自己的敌人，也就是我们自己！

婚外情

　　人，是由情爱而生的；情爱助长了人生，也困扰了人生。尤其婚外情，造成多少家庭的不幸，甚至多少人因此身败名裂，悔恨终身。

　　异性相爱，是很难得的因缘，男女双方经过互相追求、互相恋爱，获得了社会的认可、家人的同意，千辛万苦才结成良缘，本来是应该被祝福的美事。但是，花无百日红，人无千日好，世事风云变幻，令人难以逆料，只要夫妻任何一方发生了婚外情，从此家庭、事业、名誉、子孙、金钱的因缘果报纠缠，难以清楚。

　　为什么会发生婚外情呢？其中必有原因！婚外情一旦成为事实，如果只在结果上计较，根本于事无补，难以挽回；若能在造成婚外情的原因上，找到症结所在，这才重要。

　　造成婚外情的原因，往往都是怨怪第三者的加入。其实，第三者之外，男女双方都没有责任吗？例如，有的人忙于自己的事业、社交、应酬，以致疏于照顾家庭、关心对方，因此让第三者有机可乘；甚至有时候是因为双方意见不合、习惯不同、认知差异、成就悬殊等。总之，不能让对方满足，最容易发生婚外情。

婚外情的初期，有了蛛丝马迹的现象，如果双方没有用体贴、关怀、爱护，去弥补缺陷，反而怨怪对方这个不好、那个不是，结局可想而知。因为，"爱，才能赢得爱"，这是必然的结果；如果相互怨恨为"因"，怎么能赢得爱情的结"果"呢？

因此，聪明的人，一旦发现对方有了婚外情，应该更加用包容去体谅对方，用关怀、体贴去感动对方，时日一久，所谓"野花哪有家花香"，夫妻重归于好，往往指日可待。

其实，夫妻本来就是两个来自不同家庭的个体，彼此因为成长背景不一样，难免有思想、个性、习惯上的诸多差异，要维系夫妻之间的感情始终如一，事实上并不容易，所以要靠彼此的尊重、包容、沟通，诸如思想上的、生活中的、对儿女的教育方法等，都应该开诚布公地讨论。

此外，夫妻双方如果能够培养共同的兴趣、认识彼此的朋友；平时应酬成双成对，甚至偶尔营造一下"小别胜新婚"的温馨气氛等等，都可以减少对方出轨的机会。如果能让对方感觉"家庭如乐园"，每天生活里充满了欢乐、笑声，又哪会有婚外情的发生呢？

人和的重要

　　人与人之间，和谐最重要。人际的往来，有用感情维系和谐者、有用利益维系和谐者、有用同志维系和谐者；甚至有用同学、同乡、同门维系和谐者。但事实上，有人的地方，就有分歧，就有利害，就不容易和谐。

　　你看，从我们的家庭到社会，甚至国际之间，此亦是"是非"，彼亦是"是非"，正如耶稣所说："我到世间来，不是要你们和平的；我要你们三个人与五个人斗争，婆婆与媳妇斗争。"

　　诚然，今日的社会，有的人因为思想、见解不同，各党各派壁垒分明；也有的人因为信仰不同，彼此相互排挤。甚至语言、风俗、习惯、地域的不同，造成多少纷争？如此，如何能"政通人和"呢？故而一个国家，唯有党政和谐，才能获得人和；能够人和，自然政通。

　　在佛门有谓"丛林以无事为兴隆"；人和，才能无事。僧团里，平时依"六和敬"来维系人事的和谐，即：身和同住、口和无诤、意和同悦、戒和同遵、见和同解、利和同均；因此又称"六和僧团"。解空第一的须菩提，因为深入空理，故而所证的"无诤三昧"，最为第一；乃至戒律学上的"七灭诤法"，都是僧团和谐的圭臬。

《阿弥陀经》云："西方极乐净土，诸上善人，聚会一处。"之所以如此，就是因为和谐。和谐就是净土，一家和谐，就能一家快乐；一个社区和谐，社区就能平安。

一个团体里，能干的人，大都能促进和谐；不能干的人，则容易引起纷争。人与人之间，能够容许异己的存在，就能和谐；尊重宽谅，就能和谐。

池塘里，美丽的荷花也须绿叶的陪衬；花园里，翩翩飞舞的蝴蝶，也要有彩色才会更美丽。雨后的彩虹，正因为它能包容各种不同的色彩，故能展现美丽的"七彩霓虹"。

人，总要别人的帮助，才能生存，因此要懂得相互扶持；能有"同体共生"的认知，才能共存共荣。人，要懂得"以和为贵"，一个家庭中，夫妻、父母、兄弟、儿女之间要能和谐；一个团体里，上下、同事、劳资、股东之间，也要能和谐。所谓"和气生财"、"家和万事兴"；又谓"二人同心，其利断金"。人和的重要，由此可见。

欲的正邪

　　欲，多数正派的宗教大都非常排斥，甚至于把五欲"财色名食睡"，说成是"地狱五条根"，可以说把"欲"排斥到了极点。

　　其实，在佛教里对于"欲"也不完全看成是邪的，因为"欲"固然有染污欲，但也有善法欲。例如，发愤读书的求知欲；又如为国为民牺牲奉献的领袖欲；甚至有的人立志发愿要"上求佛道、下化众生"等等。如果没有这些善法欲，又何能完成人生、圆满人生呢？

　　世间，无论什么事，大都有正邪、染净之别。例如：布施是善事，但布施如果存有目的，这也是染污的；祈祷诵经，如果希望藉此把灾害转移给别人，这也是邪恶的。

　　正当的饮食男女、衣食住行的世间生活，不可以视为染污、邪恶的。就好比一句话说出来，有人欢喜，有人反感，话是一样，受者不一样。即使佛陀说法，也会出现"佛以一音演说法，众生随类各得解"的现象。这是因为各人的根机不同，因此所领受佛法也有分别。

又如用"拳头"打人有罪，而用"拳头"帮人捶背，对方则会感谢。所谓"法非善恶，善恶是法"。我们希望今天的社会大众，大家应该多多发扬善法欲，去除染污欲。

什么是善法欲呢？在每天的生活中，念念上报四重恩，心心要济三涂苦，总想把自己的所有与人分享，利益于人。又如工人的勤奋、军人的忠勇、商人的诚信助人、教师的诲人不倦、传播媒体的净化、演艺人员的善美等，凡有助于移风易俗，能够改进自己身心清净者，此皆是善法欲也。

什么是染污欲呢？每日贪图非法所有，时时都想不劳而获；看到他人失败，自己欢喜；看到别人成就，心生嫉妒。甚至欺世盗名、搬是弄非、害人为乐、伤人自得等，此皆邪恶的染污欲也。

人生是活在欲望里，欲海不可怕，可怕的是浮沉在欲海里，在欲海里没顶，那就是人生最大的悲哀了。

旅游的意义

　　现代社会的旅游风气兴盛，这是值得鼓励的好事。所谓"读万卷书，行万里路"；旅游可以增加对地理环境的了解，对历史文化的探索，对风景古迹的欣赏，对结伴参访的联谊等。

　　旅游，无异于户外教学，是增广见闻、启发思想的管道之一。旅游，不但可以提升民众的素质，出国旅游，还能从事"民间外交"。只是令人感到遗憾的是，现在有一些人把旅游当作吃喝玩乐，例如：有的人想到某处去赌博，有的人想到某处去寻欢刺激，有些人则趁着出国旅游，大肆采购，因而被外国人揶揄为"采购团"。

　　出国旅游不要成为采购团，旅游的目的不在物质，重在精神的启发，道德的修养。因此，我们希望父母带子女出外旅游，不要只是为了虚荣，应该"寓教于乐"；借着旅游的机会，带领子女到名胜古迹参访，藉以增加知识、开拓见闻、增长阅历、结交友伴。尤其，旅游时，应该教育子女发挥服务的精神、启发感恩的思想、注意参访的礼仪、重视公共的道德等，以展现绅士淑女的风度与教养。

旅游观光是无烟囱的工业，现代的国家莫不积极发展观光事业，许多观光旅行社因此应运而生。有的人在旅游美好的号召下，组团出国旅游，但是，有些旅游业者对外地的旅客，能欺则欺，能骗则骗，不重视旅游的品质，不但自毁声誉，而且扫人玩兴；严重者，甚至破坏国家形象，实在令人痛心，也甚为可惜。

人生世间，短短数十寒暑，在有限的岁月里，应该好好把握时间、争取时间、利用时间，多做有益社会人群的事，以延长时间上的寿命。除此，在空间上，更应该扩大生活领域，开拓生活空间，让自己融入人群，走向世界；而旅游正可以增长见闻、广结善缘、充实知识、学习礼仪等，是开展生命价值的管道之一。因此，旅游时，应该抱着寻师访道的心情，才不会空费草鞋钱。

登山的人，一次登山，历经千辛万苦，回来后才感到家的安乐；旅游的人，一次旅游，看尽千山万水，回到家来，若能认识自己的自心本性，这才是旅游的意义与价值所在。

活着就要动

　　只要是人，就一定要活动；人若不能活动，不是病人，就是死人。

　　大自然，水要流动，才会清澈；风要吹动，才会新鲜。人也要活动，才能生存。

　　人的六根每天都在活动，所谓：动身、动手、动心、动气、动容、动听、动情、动脉、动魄、动力、动作、动机；甚至有时还会动武、动火、动怒等。因此，修行最简便具体的方法，先要养成好的"动"、去除坏的"动"；善美的"动"，就是六根清净。

　　活动，能散发活力与朝气。极乐净土的人士，每天都要"各以衣裓，盛众妙华，供养十方诸佛"，这就是在活动。佛陀"着衣持钵，入舍卫大城，饭食经行"；观世音菩萨"三十三身度化众生"；地藏菩萨"我不入地狱，谁入地狱"，都是在活动。唐代玄奘大师西天取经，只身通过八百里流沙的艰辛路途，若无此"活动"，我中华文化又怎能大放异彩呢？

　　动，是人生的意义；动，是生命的活力。因为有动，才能向前，才能活跃，才能学习，才能参加他人的行列；能与大众同行，自然能得到大众的支柱。

　　一个人的生活动态，不能以一时为准；不但看人，还要看事、看行、看心才好。开口动舌无益于人，戒之莫言；举心动念无益于人，戒之莫起；举足动步无益于人，戒之莫行；举手动力无益于人，戒之莫为。所以，当动的时候，也应该"当动则动"，"当不动则不动"。

　　佛法，要靠修行，才能体证；做事，实务比理论有用，行动比空谈有力。会做事的人将事情做"活"了，所以能越做越大；会下棋的人将棋子下"活"了，所以能全盘皆赢；会撰文的人将文字写"活"了，所以能感动人心；会讲演的人将道理讲"活"了，所以能引起共鸣。

　　花儿吐露芬芳，我们觉得赏心悦目，因为它是"活"的；树梢随风轻摇，我们觉得生意盎然，因为它是"活"的；鸟儿枝头鸣叫，我们觉得动听悦耳，因为它是"活"的；云朵舒卷自如，我们觉得自在舒畅，因为它是"活"的；溪水淙淙流动，我们觉得涤尽尘虑，因为它是"活"的。人"活"着就要"动"起来，才能散发生命的喜悦与希望。

幽默一下

　　有一位美丽的女郎,已经三十多岁,尚待字闺中。有人问她:为什么还不结婚? 她回答说:找不到幽默的男人!

　　过去的婚姻,女方都要求男士要门第高贵、书香世家,要有田产财富,或是学业有成等等。而现代的女士则要求幽默,可见幽默已经超越财富、家世、学问之上了!

　　西方人非常倡导幽默,日常生活,处处洒脱,时时自在;而东方人则比较重视严肃,言行古板、举止拘谨。所以,人际关系方面,如果没有幽默来调和,彼此的行谊,索然无味。

　　幽默,像园中的一朵花,有了花朵,院子就更美丽了;幽默,像菜里的一点盐,加了盐巴的饭菜,就更加美味了。人和人相处,有时候用动作可以表达一点幽默;用语言,更能表达幽默。

　　禅门的祖师们,一扬眉、一瞬目、一举一动,都在表达禅机说法。禅,其实就是幽默;幽默,才有禅味。

生活中，很严肃的问题，一句幽默，可以化解凝重的气氛，大家轻松无比，心情豁然开朗；商场上，僵持的会议，一点幽默，可能就在哄堂大笑中，议案、症结就能迎刃而解。

幽默，是一种生性的灵巧、活泼，有时候想学也学不来；幽默，必须从小培养一种与人共享、共乐的雅量，才能有幽默的习惯。

男人赚钱维持家用，不如有一些幽默，更能增加全家的欢乐；女人，化妆美丽，增加妩媚，假如能在语言上增添幽默，更能增加家居的情趣。

幽默不能伤人，幽默不是恶作剧；幽默要能一笑泯冤仇，幽默要能让对方感到会心的甜蜜。

幽默要谐而不谑；幽默是善、是美，是春风吹拂，是清凉甘露。幽默，是人间的智慧之花。

有个小兵，出外买了两只鸭子，提在手上。回营时被团长看到，团长问："手上拿的是什么东西？"小兵一紧张，回答道："报告鸭子，我提两个团长。"团长说："我很重的，你拿不动！"

一场对话，引来旁观的人哈哈大笑。

有一次，有人问赵州禅师："如何参禅悟道？"赵州禅师说："我要小便去！"随后又回头对问道的人说："这么小的事，还得我自己去做呢"！

问者于言下大悟！这就是幽默的宝贵也！

乱中求序

  一群人众，在一句口令之下，立刻可以排列成整齐的队伍；一团乱麻，只要找到头在哪里，随后就会井井有条。爬藤，需要有屏障可攀，流水，也要有渠道可行。凡事不怕纷乱，只要你懂得乱中有序，世上没有解决不了的问题。

  读书的人，桌上的书籍堆积如山，因为他心中有数，在成堆的书籍中，一眼就能找出自己要读的书。睡觉的人，枕头掉在地上，因为他心中有知，不必睁开眼睛，就能捡起枕头摆回床上，继续入眠。

  有的人说，现在台湾当局人事很乱；乱不可怕，只要领导人在乱中有序领导。也有人说，现在的社会很乱；只要大众知道乱源在哪里，乱也不可怕。

  在无边的学术领域中，管子说："礼义廉耻，国之四维；四维不张，国乃灭亡。"只要这个社会不失去纲常伦理，乱又何足畏哉！在无尽的生死轮回里，佛教认为，病根祸源，就是烦恼妄想、颠倒乱心；然而《三时系念》说："清珠投于浊水，浊水不得不清；念佛投于乱心，乱心不得不佛。"心中之乱，又何足畏哉！

正，就会有序；寺院以正殿为中心，其余殿堂自能依序建筑。直，就会有序；道路笔直，车辆自能依序前进。圆，就会有序；圆可以成为中心，只要绕着圆周，自能依序运转。方，就会有序；方可以平衡左右，只要四平八稳，自能依序排列。

所以，做人处事，应该求正、求直、求方、求圆；如此，在纷乱的社会人生中，自会成为大众的观瞻、家人的依赖、团体的中心。

庭院里，花草树木，有高有矮，各安其位，就是乱中有序；教室中，桌椅板凳，有大有小，各得其所，就是乱中有序。家庭里，成员有老中青幼，各有所尊，就是乱中有序；社会上，工商百业，各自有人领导，就是乱中有序。

所谓"方便有多门，归元无二路"、"百川入海，同一咸味"。纷乱里，可以统一；差别中，可以聚集。乱不可怕，就怕乱中没有序；序，就是法律、道德、公益。我们应该过有序的生活；失序，则国家、社会、个人，终将蒙受其害！

固执的偏见

　　一个人身体上有病，吃药打针也许就能痊愈。但是，思想中了毒素，则如病入膏肓，不复救药矣！

　　思想上的毛病，莫过于见解错误。佛教有所谓五种邪见，即：我见、边见、邪见、见取见、戒禁取见。五见都是偏见；一个人有了错误的见解而又执着不舍，这是严重至极的病症。

　　例如，边见中的断见与常见。有的人认为人死如灯灭，觉得人生没有希望，这就是偏见。有的人"今朝有酒今朝醉"。天生的万物，都是给人们享用的，这种常见，不能认识无常变异的真理，也是邪见。

　　世间，有的人执苦，有的人执乐。执"乐行"的人，天天纸醉金迷，热烘烘的人生，不知三界无安，犹如火宅；执"苦行"的人，整日自苦身心，不知改善业因，生活里冷冰冰的，因此阻碍了自由解脱的正道。

　　佛陀成道之初，所以想要进入涅槃，原因是他发现自己所证悟的真理，与世人的认知正好相违背；因为众生执着偏见，他怕众生毁谤真理，不如涅槃，可以少了好多葛藤。

一般人都相信自己的眼睛，以为自己双眼所见、亲眼所见，绝对不会错。其实眼睛看到的不一定就是真实的。我们看一般木匠吊线测量水平，都是只用一只眼睛来看，可见一眼比两眼正确；甚至不用眼睛看比用一只眼睛看，又更真实。不用眼睛看，而用心来看，才能看出真相；用眼睛看，只能看到假相，所以有偏见、执着。

有一个人，有种族的歧视，后来眼睛瞎了，他看不到肤色，反而消除了对种族的偏见。

过去，国与国之间、种族与种族之间，之所以不能和平共荣，就是因为彼此各有坚持，各存偏见、执着造成。如果人人都能以佛法的慈悲智慧、欢喜融和、尊重包容，来消除固执的偏见，放弃各自的坚持，如此，世界才能无有纷争，真正和谐发展，共享安定、繁荣。

美好的掌声

"当掌声响起",这是一个多么美好的世界!在掌声中,多少人的意见一致了;多少人的感情融和了;多少人的心灵净化了;多少美好的事情,在掌声中发生了!

一场讲演,可以赢得掌声;会议里的一段发言,可以赢得掌声;一件好事,可以赢得掌声。困难的事情完成了,可以赢得掌声;美妙的语言引起了别人的共鸣,可以赢得掌声;给予人的尊敬,可以赢得掌声。你的荣誉,我赞叹,我给你掌声;你的成就,我佩服,我给你掌声;你的好事,我愿意随喜,我给你掌声。当掌声响起,这个世界和平了!这个世界美好了!

你有得到过别人给你的掌声吗?假如有,你有没有以微笑来感谢别人的掌声?你有没有以尊重来回报别人的掌声?你有发愿,要让世界更美好,以此来感谢别人给你的掌声吗?你有想到要更进步,以此来感谢别人给你的掌声吗?人,不要去希望别人的掌声,只要你奉献,掌声自然就会跟随着你!

　　和掌声同样价值的，有礼敬、鞠躬、赞美、信仰、效法。我们讲到佛陀的"打破阶级、倡导四姓平等"，不禁就是一阵掌声；我们讲到孔子的"教不倦、学不厌"，也想给他一阵掌声；我们想到庄子的"逍遥自在"，忍不住也是一阵掌声。我们对于甘地用"仁慈、不合作"的精神争取世界和平；我们对于耶稣被钉十字架的牺牲；乃至历史上多少的学者、英雄、名将，例如袁崇焕、司马迁、比干、魏徵等，我们至今不禁也要给他们掌声。

　　人应该为掌声而活，所以从童年开始，就以微笑、幼稚的语言，博得大人们的掌声；青少年时用功读书，以优秀的成绩就能博得师长父母的掌声；青年创业，勤劳奋发，对社会做出贡献，就可以赢得社会给我们的掌声。

　　有的人，用歌声，赢得听者给他的掌声；有的人，透过画画，赢得观赏者给他的掌声；有的人，生产奉献，赢得民众的掌声；乃至慈悲喜舍，关怀鳏寡孤独、恤老怜贫，也可以赢得国家给他的掌声。甚至观世音菩萨、地藏王菩萨、德蕾莎修女、教宗若望保禄二世、证严法师等，他们都以慈悲、奉献，赢得大家对他们的掌声。

　　亲爱的同胞们，你希望赢得掌声吗？但愿你能以自己的努力，先给别人掌声，自然能赢得别人对你的掌声！

知足是天然的财富，
奢侈是人为的贫穷，
精进是无尽的能源，
懈怠是隐形的危机。

幽兰藏于深谷，珍珠藏于海底，
宝玉藏于琢磨，钢铁藏于锤炼。

求新求变

历史上，多少的政权，因为求新求变，故而能使社会脱胎换骨，再一次面貌全新。例如：商鞅变法，终使秦朝兵强国富；王安石的变法，也曾一度让宋朝的政权焕然一新；日本的明治维新，使得日本成为现代化的国家；康有为的变法维新未成，致使清朝亡国。

世间，任何事情都是"法久则生弊"，要不断地求新求变，才能适应时代。中国向来以拥有五千年的悠久文化而自豪；中华文化有许多固然是非常优秀，但是一味地固守历史陈迹，好像一潭死水，又如一个关闭的仓库，背着往昔的包袱，若不求新求变，则很难跻身世界前端。

旧的机器不淘汰更新，产品的水准怎么能提升？田园里的品种不知改良，怎么能增加生产？现代的教育制度不随着时代的潮流改革，一直让莘莘学子受着填鸭式的教育，戕害青少年身心，令人遗憾。

就拿佛教的丛林制度来讲，过去一直说是祖师们的规矩，不能更改。但是现在权威的高墙终于倒了，革新后的佛教，百家争鸣，大家求新求变，不再自设藩篱，勉强有一些空间能够在现代的社会立足，齐头发展。

但是另一方面，在佛教的戒律上，不合时宜的，从来也听不到一点异议。佛法的真理不容更改，这是毫无疑义，然而两千五百年前从印度传来中国的佛法戒律，显然已经不适应现代的社会需要。因此，虽说根本戒可以保存，但在生活细节上的小小戒，即使在佛陀时代就已经"随遮随开"，但当今仍有一些人总爱引用"佛已制戒，不得更改；佛未制戒，不得增加"。佛教徒用两千五百年前托钵生活的观念，或一千年前中国深山丛林的生活方式，要想迎向廿一世纪的工业社会，此实难矣！

所以，今日社会，需要佛教界大家放弃我执、法执和偏见，不要再故步自封，能够合力来求新求变，则国家幸甚！佛教幸甚！

爱情红绿灯

爱情，是维系社会人间的一股力量，既然人是由爱而生，就不能离开爱。所谓"爱不重不生娑婆"；爱有正当的，有不正当的。正当的爱，就是绿灯；不当的爱，就是红灯。

所谓绿灯的爱，就是古代的门当户对、明媒正娶；是合乎人伦道德、合乎社会公论的。正当的爱有合法的对象、合法的婚礼、合法的关系、合法的时空等等，所以佛教不排除世俗的爱情。例如，在《善生经》及《玉耶女经》里，佛陀都告诉在家信众，绿灯的爱情应该怎么走法；甚至到了大乘佛教，《华严经》、《宝积经》、《维摩经》，也都强调大乘佛教的伦理纲常、感情生活等等。

所谓红灯的爱，就是不当的爱情，也就是不合乎伦理道德、不合乎身份、不是正派的，是社会所不认同的。例如，没有获得对方同意，一厢情愿地追求，甚至以非法手段强迫对方顺从，乃至骗婚、抢婚、重婚等法律所不允许的行为，这种红灯的爱情，前途必定充满危险。

爱情本身是个盲者，爱得过分昏了头、乱了方寸、迷失了方向；不知天高地厚，再怎么美好、浪漫，都会出问题。所以，我们要用道理来应对感情、用智慧来领导感情、用正见来处理感情、用正念来规范感情。

佛世时，摩登伽女因为迷恋阿难尊者，经过佛陀善巧度化，终于觉悟"爱是苦的根源"；莲花色女在感情的世界里受到创伤，故以玩弄爱情为报复，后经目犍连尊者开导，终于认识"不当的爱是罪恶的根源"，于是迷途知返。

世间，多少人为爱而犯罪；但也有不少人把男女之间的私情小爱，升华为对国家社会的大爱。革命志士林觉民，他以爱妻子之心爱天下人，故能慷慨就义；抗日英雄张自忠，他以国家民族的大爱为重，故能牺牲个人的小爱，而以公忠报国来成就大爱。

所谓"生命诚可贵，爱情价更高；若为自由故，两者皆可抛"。其实，这是有情有义、大情大爱，是大慈大悲的情操，所以一个人什么都可以失去，但是不能少了慈悲。

有了慈悲，若能再有智慧为导，则在爱情的路上，必能慎选绿灯通行；否则"爱河千尺浪，苦海万重波"，稍有不慎，必然沉沦苦海。希望天下的有情人，千万不要在爱的苦海里灭顶。

微笑的力量

　　微笑是世界上最美丽的色彩；微笑的面容比化妆更为美丽。达芬奇的"蒙娜丽莎的微笑"，早已成为世所公认的"美的象征"。

　　微笑的力量，其大无比！历史上，多少朝代就是亡于美人的一笑。例如妲己一笑，纣王失江山；杨贵妃回眸一笑，从此君王不早朝；周幽王为了博得褒姒一笑，不惜以烽火戏弄诸侯，终于亡国身死等。甚至风流才子唐伯虎，因为秋香的嫣然一笑，不惜卖身当书童，终于成就一段"三笑姻缘"，更是历史上的千古美谈。

　　笑声，可以传达情绪上的喜怒哀乐；也可以辨别一个人的忠奸善恶。在京剧里，曹操的奸笑、刘备的苦笑、关公的冷笑、张飞的狂笑、诸葛亮的诡笑、周公瑾的阴笑等，都是借着笑声来刻画人物的性格。

　　此外，还有嬉笑、大笑、嘲笑、耻笑、讥笑、傻笑、失笑、不苟言笑、虚伪的笑，甚至皮笑肉不笑、笑里藏刀等。

笑，是生命活力的催化剂。人，有了微笑，就有表情；有了表情，就像甘霖遍洒大地，一切都会"活"了过来。

笑，是人际关系的润滑剂，所谓"举手不打笑脸人"；时常以笑脸迎人的人，必是最有人缘的人。

舞台上，小丑的表演，就是为了博君一粲、博人一笑。因此，做人要时常保持笑容满面、笑容可掬、笑逐颜开；说话更要能令人会心一笑、开怀大笑，甚至破涕为笑。

所谓"乐然后笑"，微笑不只是脸上有动作，有表情，微笑是代表心里的快乐。家庭中充满了笑声，就代表一家的幸福、快乐、融洽。一个人若能时时以微笑来面对别人的冷酷，在人生的战场上必然获得许多的胜利。

微笑是保持健康的药石之一；尤其现代是一个注重色彩、声音的时代，因此我们更应该时时面带微笑，以微笑来装点我们的人生，以微笑来美化我们的社会；让微笑像花朵一样，开满生命的园地，让微笑像音乐一样，温暖每个人的心灵。

生活的美学

人，要生活，就离不开衣食住行、行住坐卧。

你看，有的人身着绫罗绸缎，却自惭形秽，因为他没有内在的美感！也有的人，粗衣布服，自觉心安理得，因为人格高尚，具有内心的美感也！

有的人，花园别墅，只觉天地窄小，因为他没有感受生活之美！有的人蜗居一角，自觉天地宽广，体会出逍遥自在的快乐，因为他有生活的美感！

陶渊明"采菊东篱下，悠然见南山"、"登东皋以舒啸，临清流而赋诗"；因为陶渊明能"不为五斗米折腰"，因此不会"心为形役"，这就是生活的美感。

颜回"一箪食、一瓢饮，在陋巷，人不堪其忧，回也不改其乐"；因为颜回懂得生活的艺术，故能终生不为外物所累。

甚至古往今来，多少的巨贾富商、高官厚爵，他们归隐田园，是为了追寻生活之美；但也有人从军报国，从政为民，汲汲乎，也是想要追寻人生的奉献之美。

净土宗的"七宝行树、八功德水、亭台楼阁"，固然是弥陀生活之美感；地狱的"刀山剑树、油锅深坑"，也是地藏王的追求生活之美学也！

高峰禅师栖居树上，人怜其衣食无着、身形垢秽。禅师说："我虽然没有剃发，但我身心已经清净；我虽然没有华衣美服，但以人格来庄严；我虽然没有山珍海味，但以松实雨露如琼浆玉液；甚至山河大地、野兽鸟雀，都是我的朋友！"这就是懂得生活的美学。

赵州八十犹行脚，他是为了寻找美的境界、美的道理；达摩面壁九年，也是为了找寻心内之美。有的禅师悟道了，有鸟雀献果、狮虎朝拜，此皆因为获得生活之美，故而万物皆来相聚共享。

美，是一种艺术，是一种感受。美的心灵，是我们最珍贵的资产；当你的心中有了美的感动，生活中，自然无处不真，无处不善，无处不美！

生命的能量

生命的能量有多重？正如古人形容生死时说："死有重于泰山，有轻于鸿毛。"生命有多重？也是"有重于泰山，有轻于鸿毛"。

有的人，活着只为了三餐糊口，苟延生命；他的生命价值就在饭食之间。有的人为了造福社会，苦学利众，甚至身系天下之安危，所以他的生命有多重，可想而知。

同样是人，但在遭受绑票时，有的人赎金十万，有的人百万，有的人千万，可见生命的价值有高低也！

有的人出生富豪之家，享受先人的余荫，却是饱食终日，没有散发自我生命之能量！有的人出身寒微，却能立德、立功、立言，造福人群，让万民受惠，此即他的生命的能量也！

工商政界，为要功成名就，忍受社会众人的歧视；一旦飞黄腾达，登上宝座，则万人敬仰。所以，一个人生命的能量，在于发挥成就，在于有益人世。

　　光绪、宣统，以童子之龄即位为中国之帝，不管有为与否，但从小就散发他们生命的能量；姜太公以八十高龄始为文王赏识，老来一样能散发他生命的能量。

　　生命之能量就是真如佛性，是人人本具、个个不无，只看一个人自我的努力，自我的时运。

　　有的人十载寒窗，空无人问，一举成名天下知；有的人如蛟龙困在沙滩，时来运转飞上九重天，此间的因缘非常重要。

　　朱洪武能由沙弥做皇帝；韩信乞食于淮安，终能闻达于天下。能量虽具备，也要靠众缘和合，才能成就。

　　生命的能量是取之不尽，用之不竭，是无限无量的。过去世界发生能源危机，各国纷纷到高山、深海里去探勘能源，甚至发明太阳能。其实，能量是在我们的心中。

　　我们要想发挥生命的能量，先要把心里的源头找出来；朱熹说："问渠那得清如许？为有源头活水来。"如果把心中的盲点去除，则智慧、慈悲、功德等能量，自然源源不绝。

　　生命里的能量，是无限的，就看你怎么样运用。会运用，则如阳光温暖人间，不会运用，反而危害社会，那就浪费生命的能量了。

自在人生

人生有多种：有服务的人生，有自私的人生；有智慧的人生，有愚痴的人生；有快乐的人生，有烦恼的人生。有的人一生，只想到饮食男女，好像马牛一样，水草之外，别无所求；有的人一生，贪得无厌，得陇望蜀，做欲望的奴隶。真正想要获得自由自在解脱人生的人，实在为数不多！

你看！世界上有的人为了钱财而不能自在；有的人为了感情而不能自在；有的人为了思想见解而不能自在；有的人为了功名富贵而不能自在。

人生的左右，经常吹着八种境界之风，此即：称、讥、毁、誉、利、衰、苦、乐；谁不为此八风所动？谁不为此八风所苦？我们随着此八风境界所转所动，想要自在，实在难矣！

我们想要获得自在的人生，就要懂得"人我互调"、"以人为我"，如此很多事情就能心平气和，自然就会有自在的人生。

我们要能逆向思考，凡事不要求对方，先想想自己；要以责人之心责己，用恕己之心恕人，当能获得自在的人生。懂得平等互惠，懂得包容体谅，自在的人生就可以在当下实现了。

例如，金钱被人盗窃了，就想：这可能是我前世有欠于他，今生还他算了。如此观照，当然就能自在。

爱人离我而去，心不甘、情不愿；但是你如果能回头一想：我爱他，就应该尊重他的自由；想到他的自由，自己怎能不自在呢？

名位失去了，不必感到痛苦！无官一身轻，不是一样可以逍遥，怎会不自在呢？

给人毁谤了，不必想到难堪！你想到这是替我消灾，不但不去计较，反而更应该感谢他，你怎能不自在呢？

人生就如一座工厂，就看你工厂里出产的产品如何？如果生产的产品是明理、觉悟、利他、奉献，你的工厂的名誉就会好，而你的人生又怎能不自在呢？

人生的自在，不在他求，不是他人赏赐；自在是自我的事情，自我的当下转识成智、转我为人、转苦为乐、转迷为悟，当然就可以转束缚的人生为自在的人生了！

消除压力

　　现代经常有人说："生活压力太重！"为什么会压力太重？怎样消除压力呢？

　　学生认为功课太紧，压力太重；父母说家庭琐事太杂，压力太重；警察觉得任务太多，压力太重；公教人员不满上班时间太长，压力太重。

　　压力，压力！无论男女老少，都活在生活的压力中，都感到生活的压力太重！房客付不起房租，有经济上的压力；父母觉得儿女不听话，有养儿育女的压力；夫妻彼此间怀疑对方婚外情，有感情上的压力；菜市场的菜贩有生意竞争的压力；扫街的清道夫也有早起对抗脏乱的压力。

　　其实，生活中外在的压力很多，例如：失望的压力、困难的压力、贫穷的压力、工作的压力、疾病的压力、情感的压力、人事的压力，甚至死亡的压力等等，到处都是压力啊！

　　外面的压力之外，内心也有许多的压力，例如：空虚的压力、嫉妒的压力、忧愁的压力、瞋恨的压力、邪知的压力、邪见的压力、仇恨的压力等；这一切都让我们感受到，生活的压力实在沉重喔！

压力，也不一定是坏的才是压力；好的事物也可以成为压力，例如：拥有的压力、美丽的压力、名位的压力、恩情的压力、成功的压力等，真是"天长地久有时尽，压力绵绵无尽期"！

有的人感到压力太重，身心疲累；有的人感到压力太重，意志消沉；有的人感到压力太重，想要轻生；有的人感到压力太重，精神失常。你有想要消除压力吗？兹提供办法如下：

第一，提升自己对事理认知的智慧；增加认知的力量，可以消除压力。

第二，放宽心胸，像大海容纳百川，像虚空容纳万物；凡事包容它，不要负担它，自然就能消除压力。

第三，提得起，放得下，好像皮箱一样，用的时候提起，不用的时候放下。凡事不比较、不计较，自然可以消除压力。

第四，与压力为友，心甘情愿地接受它，何压力之有？

第五，乘兴逍遥，随缘放旷；不求不拒，自然会消除压力。

第六，培植修养的功夫，增强自己的忍耐力、慈悲力、智慧力，用自己的心力承担，何必在乎压力！

人有禅观、慧思、正见、明理，对世间一切事都能顺乎自然，所谓"兵来将挡，水来土掩"，又哪里还会有什么压力呢？

承诺的力量

　　"承诺"就是答应别人、对别人所许的诺言，务必兑现，也就是守信。

　　孔子曾经譬喻："人而无信，不知其可也。大车无輗，小车无軏，其何以行之哉？"忠诚守信，是立世的根本。在过去农业社会，交通不便，通讯设备不发达，出外就业的人要靠信差投递家书、传递口信，甚至寄送物品。彼此之间，并没有契约，也没有证人，靠的就是一份诚信；即使千山万水，餐风露宿，信差务必完成所托，这就是"承诺"的力量。

　　古人对信守承诺的重视，可以从"一诺千金"、"一言九鼎"、"一言既出，驷马难追"、"与朋友交，言而有信"、"言忠信，行笃敬"等成语获得证明。

　　甚至，不仅平时对人守信；战时两军对阵，依然不改信念。晋文公有一次派兵围攻"原"这个地方，行前宣布，如果三天攻城不下，即刻退兵。三天后，眼看对方援绝粮尽，只要再过一天就会投降；晋文公却坚持退兵，他觉得对人民信守承诺比攻占城池重要。结果就因为晋文公的诚信，反而感动对方，主动献城投降。

诸葛亮在祁山与魏军作战，为生养兵力，定期分送士兵返回国内休息。后来战争越发激烈，有人建议暂缓送兵回国，诸葛亮坚持对士兵的承诺，因而感动士卒主动回营，奋勇作战，终于取得胜利。

从政的人，能够信守承诺，才能取得人民的信任，才有办法推行政令；居上位的人信守承诺，可以激发属下效忠的斗志；朋友之间互相信守承诺，是巩固友谊的基石。

人，除了对人守信之外，也有的人对时间信守承诺，例如在中国台湾宜兰地区的仁爱之家服务的依融、绍觉法师，为了一句承诺，一举手三十年，任劳任怨，至今不曾动念调职。

有的人则对金钱信守承诺，例如答应捐款助人，就一定做到。甚至有人对未来信守承诺，例如遗产信托、传法传位等。也有人对情感信守承诺，例如李白《长干行》的"常存抱柱信，岂上望夫台"，说的正是两个信守爱的誓言，至死不渝的凄美故事。

古人为了一个承诺，可以用一生的岁月去兑现，甚至牺牲生命也在所不惜。反观现在的人轻诺寡信，不守承诺，于是不得不求法于契约、录音、录像、证人、公证、信托等。

大器藏于晚成，显达藏于谦卑，
圣贤藏于陋巷，大智藏于大愚。

有的人值得被人利用，故能成才；

有的人堪受被人利用，故能成器；

有的人不能被人利用，故难成功；

有的人拒绝被人利用，故难成就。

　　其实，我们立身处世，投机取胜只是一时的，唯有信守承诺，笃实行事，才能获得别人永久的信赖。

信仰的层次

　　每个人从出生到长大，从幼稚到成熟，在人生的成长过程中，每个阶段都有他崇拜、信任的对象。例如，小的时候相信父母，凡父母所说，绝对深信不疑；长大求学，转而相信老师，只要"老师说"，就是对的。

　　之后，随着各人知识水准高低、接触社会层面宽窄、价值取向不同，于是有人相信金钱万能，有人觉得爱情至上，有人高举情义第一，有人疾呼自由无价，有人投身信仰生活等。

　　信仰是发乎自然，出乎本性的自然力，信仰也不一定是信仰宗教。例如有的人信仰某一种思想或某一种学说；有的人信仰某一种主义；甚至有的人崇拜某一个人，也可以成为信仰的对象。

　　话虽如此，然而只要人有生死问题，就一定要信仰宗教。人是宗教的动物，宗教如光明，人不能缺少光明；宗教如水，人不能离开水而生活。人类从上古时代民智未开，就对大自然产生信仰，接着从信仰神权、君权，到现在的民权、人权等，可以说，人类自有文明开始，除了追求物资生活的满足以外，精神生活的提升、信仰生活的追求，更是无日或缺。

关于信仰宗教，必须慎重选择，否则一旦信错了邪教外道，正如一个人错喝了毒药，等到药效发作，则生命危矣！所以"邪信"不如"不信"。

当然，信仰最终是以"正信"最好！尤其佛教的中道缘起、因果业报、生死涅槃等教义，可以帮助我们解答人生的迷惑，所以值得信仰。

信仰佛教，也有层次上的不同，例如，有人"信人不信法"；有人"信寺不信教"、有人"信情不信道"、有人"信神不信佛"等。

甚至即以信仰佛教的教义而言，本身也有层次的不同，例如凡夫的般若是正见、二乘人的般若是缘起、菩萨的般若是空；唯有佛，才能真正证悟般若，所以般若是佛的境界。

其实般若也是人人本具的真如佛性，学佛主要的目的，就是要开发真如佛性，所以信仰佛教，要从求佛、信佛、拜佛，进而学佛、行佛、作佛；唯有自己作佛，才是信仰的最高层次。

美丽与丑陋

美丽，人人欢喜；丑陋，人人讨厌。

世界上，有的人面容美丽，心灵丑陋；有的人容貌丑陋，心性善良。有的华屋大厦，美丽雄伟，可是里面却住了一些丑陋的贪官污吏；有的丑陋的草屋里，却住了多少的清廉正直的君子。

世间，有的东西外美内丑；有的外丑内美；有的则是不美不丑。不美丽的东西不要紧，最怕的就是丑陋的东西。当然，我们希望世间美好，更重要的是，要内心的美好。

谈到美丽，有自然美，有人工美。大自然的美，巧夺天工；人工的美丽，要靠人为来修饰。有的人把文字变得很美；有的人把语言变得很美。有的人把书画变得很美；有的人把环境变得很美。有的人把姿态变得很美；有的人把气质变得很美。聪明的朋友们，你喜欢美丽吗？你能创造多少的美丽呢？

你是否时常自我反问：我的言语风仪美丽吗？我的行事作

为美丽吗？我的待人情谊美丽吗？我的举止动念美丽吗？

真正的美丽，要从内心出发。心善，一切自然就会美丽；心真，一切自然就会美丽；心慈，一切自然就会美丽；心净，一切自然就会美丽。我们要创造美丽的世界；我们要创造美丽的人生；我们要创造美丽的环境；我们要创造美丽的居家。

日本人曾经自惭他们是丑陋的日本人；中国人又何尝不是如此？世界各国的人又何尝不是如此？知道自己丑陋还好，就怕不知道；不知道自己丑陋，则永远不知道改进。如果我们知道自己丑陋，就可以创造美丽；因为当你知道自己丑陋，你能穿起惭耻之服，你就能自然美丽了！

美丽的容颜，难保历久不衰；美丽的心，却能永远动人。美丽的第一步，就从"说好话、做好事、存好心"的"三好运动"开始吧！

美人，人人皆爱；美言，人人爱听；美行，人人尊重；美事，人人想做。有的人把家居装饰得很美，有的人把社区管理得很美，有的人怀念过去，认为过去比现在美丽，有的人感觉当下比未来实在，也有的人把未来幻想成比现实美丽；总之，一个人要舍弃丑陋的语言、丑陋的行为、丑陋的心肠，他才能美丽喔！

呼吸的重要

在《四十二章经》里，佛陀问弟子：人命在几间？有比丘回答：人命在数年之间！随后有人说：在数日之间！也有人说：在一日之间！更有人说：在饭食之间！最后佛陀说：人命在呼吸之间。

人命是非常宝贵的！宝贵的生命却建筑在短暂的呼吸里，可见呼吸有多么的重要啊！

有阳光的时候，不知道阳光的重要，有河流的时候，不知道滴水的宝贵；能呼吸的时候，更不会想到"一口气"对我们是多么的珍贵和重要啊！人，一旦没有了呼吸，则世间的财富、名位、荣誉、亲朋、眷属，对我们又有什么重要呢？

我们的感官，眼睛可看，耳朵可听，手脚可动，口舌会说；但是没有呼吸的时候，眼耳身体，一切都没有了功用！所以人生在世，是因为有呼吸的存在，才有我们的生命！

眼、耳、鼻、舌、身，在身体上都能各司其用；但呼吸却能代替眼耳鼻舌身,代替它们超乎一切的功用。

呼吸,不是像眼睛是用来看的,但是它可以感受到环境的不同;呼吸,不是像耳朵一样是用来听的,但是它可以嗅到人情气氛的迥异。

呼吸,可以体验外境的变化,可以内观心地的动静。呼吸,有时候可以感觉到自己轻松自在,所以大大松一口气;呼吸,有时候也会感到自己遭受无限的压力,所以喘不过气来。

呼吸,它表示自己的生命是四通八达的;呼吸,它可以觉察空气中的清浊;呼吸,它可以感受到生命的厚薄。保护呼吸,就是保护自己的生命。

呼吸,可以用来做为修行,调整生命、净化身心。从一呼一吸之间,可以知道自己身心的状况。气粗,必定心不宁静;气顺了,必定心也柔软了,所以在禅门里,不断用数息的修法来指导行者。

我们生存在世间,珍惜生命,就要珍惜呼吸。趁着一口气尚存,要把对人间应尽的责任尽了;要把对人间所发的愿心完了。应该给国家社会、父母子女、亲朋好友的一切,也都要在一息尚存的时候,赶快处理妥当;在呼吸尚存的时候,赶快广结善缘吧!

道德的生活

一个人，如果被人比作桀纣幽厉，则要生气；比作伯夷叔齐，则会欢喜。桀纣幽厉，人君也，为何比之则生气？伯夷叔齐，饿夫也，为何比之则高兴？因为，这就是有道德与没有道德的差别啊！

道德，是人类社会应有的修养；如果我们的社会上，我们的生活里，失去了道德的规范，这将是一个什么样的世界呢？

公务人员：贪赃枉法，假公济私；

工商经营：偷斤减两，以假乱真；

朋友之间：猜疑嫉妒，中伤毁谤；

邻里之间：挑拨离间，搬是弄非；

甚至人群里，到处充斥着：愚昧邪见、顽强固执、你争我夺、寡廉鲜耻、自私自利、损人不利己的人。

《大戴礼记》云："道者，所以明德也；德者，所以尊道也。是故非德不尊，非道不明。"周敦颐说："动而正曰道，用而和曰德。"又说:"天地间,至尊者道,至贵者德而已矣!"

有道德的生活,社会才能和谐、家庭才能安乐、朋友才能守信、人我才能互助。

所以,我们的社会:教师要负起"传道、授业、解惑"的责任;医护人员要有"视病如亲,救人一命"的精神;工人要肯勤劳工作,以生产报效国家;商人要能合法经营买卖,不取非分之财;军人要能保国卫民,奋勇作战,抵挡敌人的侵略。

此外,儒家的:四维八德、人伦五常;佛教的:四摄六度、五戒十善,以及正知正见、布施结缘、不念旧恶、惭愧感恩、守护六根、利乐有情、四恩总报、弘法利生、尊重包容、心意柔和、爱语赞叹、守护正念、大公无私、舍己为人、抑己从公等,都是道德的生活。

佛教和儒家相同的地方,都是重视道德的生活;孔子不言怪力乱神,真正的佛教也不标榜神奇灵异,而重视慈悲道德。人之所以异于禽兽者,也正是因为人有道德的生活。

所以,人生世间,人人都应该负起化导社会的责任。具有道德的人,往往能以身教影响大众,所谓"君子之德风,小人之德草,草上之风必偃。"通常以"德"服人,人皆能心悦诚服。所以,我们要想在社会上成功立业,最重要的,应该要有道德的修养,要过道德的生活。

勇敢活下去

求死，是弱者的行为；要活，才是勇者的形象！

生命是活的；活着，就可以看到生命的光彩。死亡，就像日落西山，就算有生命的存在，但在人间已经没有光辉。

多少人从商场上失败，走投无路，最终还是要勇敢地活下去；因为只要鼓动生命潜在的力量，自有因缘度过难关，自然能够再次重整旗鼓，扬眉吐气。

多少人在情场上失败，心灰意冷，没有勇气活下去；但是当他知道"天上的星星那么多，地上的人儿比星多，何必失恋痛苦只为他一个？"于是再次奋起，重新开创人生。

所谓"山重水复疑无路，柳暗花明又一村。"在我们的社会里，多少人在天灾人祸中，绝处逢生；多少人从绝望、灰心、艰困、黯淡的逆境里，重新鼓起精神，捡回希望，再创人生的光华。他们不都是我们的榜样吗？何必只为一时的失败，就从此没有勇气活下去呢？

因此，经商失败，要勇敢地活下去；情场失意，要勇敢地活下去；家人不和，要勇敢地活下去；经济困难，要勇敢地活下去；事业不顺，要勇敢地活下去；身体不好，要勇敢地活下去！因为世事"无常"；好的"无常"，坏的也是"无常"。所以一切都会改变的，只要活着，就有希望。生命不到万分绝望，绝对要保持希望活下去。

在沙场上的战争，即使到了一兵一卒，为了理想，也要战斗下去。自然界里，死灰都有可能复燃，枯木也有机会逢春；从死亡的边缘，也有机会可以再生。因此，只要尽情地活着，人生还怕没有希望吗？

看到海鸥孤独地在大自然中与狂风搏斗；鲑鱼逆流而上，破腹牺牲，也要坚持到最后一口气。一叶孤舟，在乘风破浪里，还是有得救的希望；老兵身上伤痕累累，他就是因为勇敢而活下来了。

穷途潦倒、能够重生、能够再起，都是因为有勇敢的意志，而能活下来。人生的希望，不但要勇敢地活下去，还要有愿力地活下去，还要有智慧地活下去。不但为自己，还为家人、为社会、为责任，都应该要勇敢地活下去。因为，不想活的人是懦夫，维护生命的存在，才是勇者。

消愁解闷

　　南唐后主李煜说："问君能有几多愁？恰似一江春水向东流。"人生的愁闷，最为伤身！但是，举世滔滔，社会大众，哪个又不都是经常陷身在忧愁苦闷之中呢？

　　当愁闷降临到一个人的心里的时候，就好像魑魅魍魉，纠缠不清，使人难以得到解脱。

　　有的人，为了国破家亡而愁闷；有的人，睹景思人而愁闷；有的人，妻离子散而愁闷；有的人，失业失学而愁闷。总之，没有获得希望、生活上不能满足、被人欺侮、受了委屈而无法诉说，只有放在心里被愁闷煎熬。

　　你看，世间多少人因为多愁善感而苦闷！有的人，则是为了别人的一句谤言而难以入眠。一件事，也能引起愁怀而难以自在；一句无心的话，也能让自己不思不食，愁绪满怀。人生多少大好的岁月，就在我们愁闷之间，悠悠过去了，多么可惜啊！

　　女词人李清照说："只恐双溪舴艋舟，载不动许多愁！"可见得人生大都是在愁云惨雾里生活啊!

其实,"世间本无事,庸人自扰之";愁闷,也是自己找自己的麻烦。诚如禅门说:"没有人束缚你,是你自己束缚你自己!"愁闷也是如此,本来没有人要我们愁闷,只是我们自己找来的忧愁啊!

愁闷,要有通路;愁闷的通路,就是智慧、明理。愁闷,要能得到化解;化解愁闷的良方,就是宽容,就是信仰。

如何才能消愁解闷呢? 兹奉告各位:

第一, 提起乐观的性格。　第二, 想通事理的原委。

第三, 放开闲情的愁绪。　第四, 没有疑虑的性格。

第五, 扩大积极的服务。　第六, 明朗坦白地处世。

第七, 呈现微笑的面孔。　第八, 散播欢喜的情怀。

"问君能有几多愁? 恰似一江春水向东流!"只要你能看得开、放得下,人生纵使有了些许的愁闷,不也是成就菩提的资粮吗!

"解铃还须系铃人",你的愁闷靠别人化解,这是有限的,只有自己解开自己的束缚,这才是永远的解脱啊!

小草精神

小草，不能轻视喔!

你看! 墙头上、峭壁间，一根小草从夹缝里冒出来的时候，任凭你风吹雨打、日晒夜露，它，始终伫立挺拔，随风轻摇，静静地向世人展现生命的丰姿。身为万物之灵的人类，在这样一根小草的面前，如果不懂得珍惜生命，奋发有为，能不惭愧汗颜吗?

小草，它不向逆境屈服，它不为自己的渺小而自卑;这就是小草的精神。

佛经上说:"四小不可轻! "在我们的生活周遭里，星星之火，可以燎原;涓涓细流，汇成江海;一粒种子，可以长出满树的果实;一根小螺丝钉，可以影响一部机器的正常运转。小，不容轻忽! 东西虽小，却有大用。

甚至，一个小王子，将来长大继承王位，他可以号令天下;一个小女孩，未来当上皇后，可以母仪天下;一个小沙弥，假以时日，学有所成，就是人天师范的大法王；一只小龙，长大后就可以兴云致雨，威显天下。所谓"一花一世界，一叶一如来"；一沙一石，都有三千大千世界也。

东晋的佛图澄示现一个神迹，终于感动石勒不屠杀汉人；南宋的冯道一句话，说服辽金不滥杀中原人。一个神迹，救下百万人命；一句话语，天下苍生免于涂炭。小，可以轻视吗？

菩提达摩的一句"拿心来，我替你安！"成就了一代大师慧可。

桂琛禅师的一句"石头带在心上，不重吗？"开启了法眼文益悟道的契机。甚至"一言以兴邦，一言以丧邦"！小，可以轻视吗？

周利槃陀伽，拂尘扫垢也能证果；刘邦小小亭长，他能拥有天下。红娘只是一个小小婢女，在达官巨贾中可以成为主角；四行仓库的杨惠敏，只是小小的一个女童军，却能做出百万大军所不能为的大事。七岁的妙慧童女能说大乘佛法；普陀山的小沙弥能够开创丛林。甘罗十二岁拜相，项橐七岁与孔子辩论，被称为"孔子师"；祖莹八岁能背《诗经》、《尚书》，时人称为"圣小儿"。所谓"莫以善小而不为；莫以人小而可轻！"这就是小草的精神。

缇萦救父、花木兰代父从军，能够从柔弱中取胜，这就是小草的精神。高高山顶立，深深海底行，舍我其谁？这也是小草的精神也！

　　"室雅何须大，花香不在多。"人，只要有小草的精神，自能安身立命于天地之间。

鼓励与责备

"以鼓励代替责备，以赞美代替呵斥。"这是教育上最好的方法，也是做人处事最妙的高招。

人与人相处，产生磨擦的原因很多，但主要的是，因为责备太多，给予鼓励赞美太少，所以部属求去、朋友疏离，这是做人处事最大的缺陷。

我们有两个眼睛，都是用来看人的：看人的过失、看人的错误、看人的缺点、看人的不好，但就是看不到自己。

人，有一张嘴巴，也是喜欢说人的不是、说人的缺失、说人的短处，甚至自赞毁他。因为嘴巴的声音是讲给别人听的，自己不会听到。有些父母对子女责备过度，子女远离他去；有些夫妻相互指责过多，婚姻就亮起了红灯；有的朋友只知指责对方情义不够，不肯自我检讨，如此要想结交患难道义之友，就很难了。

人之相处，也不是不能责备。《春秋》责备贤者，但必须是贤者，才能接受责备。没有力量的人，更需要给他鼓励。马拉松赛跑，需要很多的掌声，帮助他发掘本能的力量。奖章、奖状、奖金，各种的荣誉，都是要给人鼓励的。

猫狗，也喜欢听主人的赞美；马牛，也希望有主人的鼓励。树木花草，也是要有和风雨露的滋润，才能成长；灰心失意的人们，可能一句温言慰语的鼓励，因而走上光辉灿烂的前途。

现在的社会，地位低的人，如农工、贫民、部下，都容易受到上级的指责。其实，在高位的人，由于不能满足大家的要求，他也会招致民众的责备。

过去寺院丛林里说："当家三年狗也嫌！"因为责备太多，也可能会坏了好事；甚至不当的鼓励，有时也会招致不良的后果。不过，我们还是宁可"用鼓励代替责备，用赞美代替呵斥"；因为，人毕竟还是希望受到鼓励、赞美，那我们又何必吝于给人一些赞美，来帮助别人、成就别人呢？

度一切苦厄

"人生像一杯苦酒!"从婴儿呱呱坠地开始,所发出的第一个声音,就是"苦啊!"

苦啊!这就是人生。

人从出生之后,在生命的旅途上,到处荆棘,坎坷起伏,颠簸不平,真是尝尽了苦涩的滋味。

人生,每个人都希望能够解脱痛苦,能够找寻到幸福。但是,幸福在哪里呢?

有的人向宗教祈求幸福;有的人希望结党成派,以团结的力量增加安全。甚至有的人储财置产,以备不时之需;有的人生儿育女,希望老来得到孝养。有的人则追求知识;有的人则提高地位,总希望能离苦得乐。其实,这一切纵使能面面俱到,难免"人为财死";再说,人生即使真能求得富贵功名,也还是有生老病死、悲欢离合,哪里能没有痛苦呢?

世间的人,以为无财、无名、无权、无位是苦。其实,真正的苦，是因为有财、有名、有权、有位，才增加更多的苦难。例如，有家、有爱、有事、有业；"有"的里面不是很多的苦厄吗？

《般若心经》说："照见五蕴皆空，度一切苦厄。"原来，苦是因为五蕴积聚的"我"而来的。例如，有的苦是因为"我与物"求不得而苦；有的苦是因为"我与境"不相应、不习惯而滋生；有的苦是因为"我与人"不和谐、怨憎会、爱别离而有；有的苦是因为"我与社会"、"我与自然"的刀兵水火等引起，都会增加"我"的苦。

尤其，"我与心"之间，贪瞋邪见、忧悲苦恼，更是苦上加苦。所以，人生的苦，既然是由"我"而来的，如果我们要想"度一切苦厄"，就必须让"我"空无执着。能够"照见五蕴皆空、显现般若智慧、明白人我无间、融合物我一体"，才能够淡化和解决"我与物"、"我与境"、"我与人"、"我与社会"、"我与自然"，甚至"我与身心"的关系。能够把自我安顿在无执、无染、无拘、无束的上面，才能够真正"度一切苦厄"！

照顾念头

在世间，做人实在很不容易！除了要照顾自己以外，还需要照顾家庭、朋友、国家、社会等各种因缘。所以，在茫茫的人海里，以个人的一己之力，要照顾世间那么多的人和事，基本上，每个人实在都是很伟大的！

你看！出租车司机从早到晚，千辛万苦地在马路上奔驰，无非是要养家活口，照顾家小。

路边的小贩，每天起个大早做生意，除了照顾社会人士的早餐以外，也是希望能赚点蝇头小利，让父母儿女得到照顾。

值勤的警察夜间巡逻，主要是要照顾社区的安全；公务人员各处访查，也是为了建设社会。

其实，比照顾心外世界更难的，就是照顾自己心中的念头！

自己的念头为什么难以照顾呢？因为念头时而天堂，时而地狱。念头不但终日奔驰在世界各地，而且经常在五趣六道里轮回不已。所谓"六根门头尽是贼，昼夜六时外徘徊；无事上街逛一回，惹出是非却问谁？"如果我们不把念头照顾好，一念之差，就会陷入不拔之地，正是所谓"一失足成千古恨"。

我们不要以为念头是无形无相，未曾形诸于事实。其实"诚于衷，形于外"，外在所表现的一切，都是由内心所发动的。所谓"三界唯心，万法唯识"，心念一动，山河大地都会跟着我们而动。

大自然的力量，地动很可怕，风动也很可怕；心念一动，更可怕！所谓"一念瞋心起，百万障门开"。瞋心一起，很可能闯下杀生害命的大祸；但是一念菩提心生，师父也要反过来为徒弟背包袱呢。

禅门有谓："制心一处，无事不办。"心念不动，自然乾坤朗朗。我们的念头有如一潭湖水，水波不生，自能映物；念头一动，波涛汹涌，自然无法照见自己的本来面目。所以，我们要时时把持正念、维护正念，要让"未生善令生起，已生善令增长；未生恶令不生，已生恶令断除"。能够如此照顾念头，则虽未成佛，至少也已距离圣贤之境不远矣！

慈眼视众生

你和人相处，用什么样的眼光看人呢？

有的人用怀疑的眼光看人；有的人用妒恨的眼光看人；有的人用藐视的眼光看人；有的人用成见的眼光看人。

社会上，有的人说"慧眼识英雄"，世间的英雄很少，有慧眼的人也不多，真正能做到"慈眼视众生"，就算不错了。

韩愈说："世有伯乐，然后有千里马；千里马常有，而伯乐不常有。"伯乐的慧眼，也就是爱人、助人的慈眼。

父母用慈眼在看着儿女的成长；师长用慈眼在看着学生的进步；长者亲人用慈眼在看着子孙的光耀门楣；社会用慈眼在看着民众的健全有为。

好的社区邻里之间，用慈眼互相帮忙；好的机关团体里面，用慈眼彼此互相提携友爱。

人的一双眼睛是肉眼，假如给人一点关注，给人一些尊重，那就是"慈眼视众生"了。

众生当中，有卵生、胎生、湿生、化生。在各类的众生当中，就拿胎生的人类来说：有的人小气，悭吝不舍；有的人闭塞，庸俗不堪；有的人狡猾，玩世不恭；有的人虚假，表里不一。

尽管千百万种不一样的众生，我们应以慈眼来看他，总能促进彼此之间的和谐，增进彼此之间的互动。假如人人都能用"慈眼视众生"的话，则世界的和平，种族的和谐，有厚望焉！

非常遗憾的是，世间人有时不用慈眼看人，而用觊觎的眼光看别人的财产；用无情的眼光对他人幸灾乐祸。有的人用"看坏不看好"的眼光看人；有的用"看假不看真"的眼光看人。一双美丽的眼睛，变成刀、剑，多么可惜喔。

《普门品》说："观世音菩萨游诸十方国土，以慈眼视众生。"所以观世音菩萨慈悲的形象，能在每个人的家庭客厅里，被高高地供奉着。"慈眼"是多么令人向往啊！

在我身旁的人群里，我们希望他们用什么样的眼光来看我呢？

我们都希望我的朋友能用慈眼来看我；希望我的家人能用慈眼来看我；希望我的尊长能用慈眼来看我；希望我的乡亲能用慈眼来看我。但是，聪明的大家，我们以什么样的眼光去看人呢？

做自己的主人

　　一个将军，在外可以统领百万雄兵，回到家里，却拿自己的老婆没有办法。

　　一个人，可以领导多少群众，有时却驾驭不了自己心中的烦恼。

　　做一家之主容易，做一乡、一县，甚至一国之主，也有可能；但是，要做自己的主人，好难喔！例如，疾病来了，你能做主不生病吗？烦恼来了，你能做主不烦恼吗？死亡来了，你能做主不死亡吗？

　　在自己一生的岁月里，你有想过要如何在时间上做好自己的主人吗？例如，你有规划多少岁月是用来读书？多少岁月是用来做事？多少岁月是用来服务？多少岁月是用来奉献人群？甚至多少时间可以用来游学参访、闭关自修等等。

　　你有想过在空间上做好自己的主人吗？例如在自己的居家环境里，卧室、客厅、书房、院子，你都能规划妥当，善加利用吗？对于工作的办公室，乃至公园、电影院、百货公司等公共设施，你都能充分地享有它，让它帮助你拓展生活领域吗？

你有想过如何在金钱上做自己的主人吗？例如每个月的薪资，你有规划拿多少用作生活费？多少用来布施？多少用以储蓄？多少当作儿女的教育基金等等，你都能合理分配，不生苦恼吗？

有的人因为贪心，把钱拿去放高利贷，结果遭受损失了，这就是不会做金钱的主人。

你要做好一家之主，就必需要能有益于家人，例如，你要能教养他们，能够照顾他们的衣食住行、旅游医疗等福利；如果你不能解决他们的问题，如何能做他们的主人？

同样的，如果你不能处理好自己的问题，如何能做自己的主人？要做自己的主人，必须要有忧患意识，要能增强能力，要有未来打算，要有整体规划等等。

其实，人很难做自己的主人！例如，眼要看，不当看的它也看，你管不住；耳要听，不当听的它要听，你管不了；心要想，不当想的它要想，你也管不动！

所以，要想做自己的主人，必需要心中有主、心中有禅、心中有慧、心中有佛，有了这许多的因缘条件，再加上你自己的毅力、决心，也许有一天真的能够帮助你自己做好自己的主人吧！

美容与美心

现代人提倡美化！环境要美化，社会要美化，甚至国土山河都要美化。但是，就是缺少美化自己。

美化自己的人也有！例如，穿着合宜的服装，使用时髦的化妆品；男士利用衣冠来美化自己，女士使用珠宝来妆扮自己，甚至到美容中心护肤美容。但是，就是很少人想到，心灵也要美化。

现代人只知道用脂粉、拉皮来美化容颜，以为这就是美容。其实真正美丽的容貌，应该是微笑、亲切、柔和、慈悲，这才是真正的"美容"。

容貌美化了，若没有"美心"，还是不够的。

有一天，"心"对"人"抗议道：你每天只知道给身体穿好的、给嘴巴吃好的、给耳朵听好的、给眼睛看好的、给鼻子闻好的，却从来不知道也要给我这颗心补充一些慈悲、智慧、感动、欢喜、惭愧、惜福等养分。

这个寓言所指的，正是我们现代人的写照。我们每天只知道追求外在的感官之娱，只重资用，却不重心灵的提升、美化，难怪有人说，现代的年轻人愈来愈庸俗，愈来愈肤浅。

有一个富翁，娶了四个太太。平时最爱护年轻貌美的四太太，总是给她穿好的、吃好的；三太太仗着还有一点姿色，平时也颇受富翁照顾；二太太每日忙于操持家计，无所谓爱与不爱；最不受富翁喜爱的是元配糟糠之妻。

有一天，富翁得了绝症，垂死之际要求四太太陪着同死。四太太一口拒绝，认为生前恩爱固然好，死后相随有何义！于是改找三太太，结果惊慌失措的三太太说：我还年轻，你死了，我可以改嫁。二太太则以家务无人操持为由，只同意送富翁上荒郊野外的山头。令富翁讶异的是，平时最不受富翁照顾的元配，竟然心甘情愿地答应愿意殉葬。

这个譬喻里的老四，指的是我们的身体；老三，就是我们的财富；老二，是我们的亲朋好友；元配，正是我们的心。所谓"万般带不去，唯有业随身"。"业"就是我们的"心"识，它带着我们在五趣六道里轮回，正是"披毛带角因为它，成佛作祖也由它"。

心，与我们的关系如此密切而重要，我们怎能不去关心它、美化它呢？所以，我们在美容之余，更要美心。能够拥有一颗美的心，才是真正的"美人、善人、贤人、圣人"；能够拥有一颗美的心，才能"人天有份，恶道除名"。

可怕的神通

　　现在社会上有一些人有一种侥幸的心理，总希望有意外的收获，甚至妄想有神通，可以知道过去、现在、未来，能够眼看、耳听十方世界。其实，好在大家没有神通；如果有神通，日子恐怕会很难过。

　　神通，一般而言有六种，称为"六神通"，即：天眼通、天耳通、神足通、他心通、宿命通、漏尽通。

　　一个暴虐无道的皇帝，如果有了"天耳通"，听到背后有群臣骂他昏君，岂不要加重杀戮了吗？男女朋友，因为有"天眼通"，看到对方另有约会，岂不要情海生波，滋生许多事端了吗？

　　自己有"他心通"，知道儿女、朋友、家人在背地里都对我有意见，岂不要心生反感，造成家庭不和了吗？自己有了"神足通"，每天东南西北，到处奔波，这日子过得岂不辛苦？

　　自己有"宿命通"，知道自己过去世，现在又怎能活得自在？假如自己真的"漏尽"了，安住在无住、无相之境，不挂念家庭、儿女、财产、名位等，如此又怎能见容于社会呢？

所以，神通除非是诸佛菩萨他们因为有定力、戒力、能力，可以用作度众的方便；否则，凡夫俗子还是不要有神通的好，免得成为可怕的神通。

神通其实也不一定是佛、菩萨、罗汉等人有之；神通可以说充塞法界，遍满虚空。生活中，处处有神通。

你看，一粒种子，可以长成一棵大树，你说，这不神奇吗？一个贫寒出身的人，可以挺身而出，为国为民，普度世人，不是很神奇吗？

一句话，可以令人欢喜大笑；一句话，也能令人悲伤痛苦，这不神奇吗？一家人，早上各奔西东，到了晚上，又会相聚在一起，你说这不神奇吗？

其实，所谓"怪生于罕而止于习"，如果用平常心来看，这一切都平常无比。所以，我们对时空更迭、得失荣辱，要用平常心来看，不必要求神通，只要活得心安理得，人生就会非常的自在、快乐。

过去的祖师不少人都有大神通，然而所谓"打死会拳的，淹死会游的"；会神通的，死于神通。例如提婆被外道刺死、目犍连被外道打死，可见神通抵不过业力，神通并不究竟。

学佛应该重视的是道德、慈悲，不要贪图神通！因此希望宗教界宣扬神通的人，能够及时刹车，不要为神通所迷，否则误导他人，害人害己。大家应该宣扬慈悲道德，以佛法的智慧来应世，如此才能导人正道，才能真正发挥宗教化世之功。

恕道的重要

人与人之间的关系，有喜有爱、有怨有恨、有恩有仇、有好有坏；但是，人与人之间的关系，最重要的，还是要用"恕道"来维系。

孔子提倡"恕道"，其实佛陀的"慈悲"，耶稣的"博爱"，也是恕道。佛教讲"怨亲平等"，耶教讲"爱你的敌人"，儒家讲"泛爱众，而亲仁"，都是恕道。

人与人交往，要靠"恕道"，才能维持长久。朋友之间，如果没有"相助相让"的恕道，感情怎能维持长久？夫妻之间，如果没有"互信互谅"的恕道，怎能共同生活？家庭伦理，要靠恕道才能建立；社会秩序，要靠恕道才能和谐。

当今的社会，我们看到多少家庭，眷属不和；多少的机关团体，纷争不断；但是，我们也看到，多少人在"恕道"之前，握手言欢，尽释前嫌，那是多么美好的事啊！

乾达多是一个无恶不作的暴徒。有一天，当他举步正要踩到一只蜘蛛的时候，忽然生起一念慈心，把脚步向前跨了过去，没有伤害到蜘蛛。后来虽然他堕落地狱，仍能得到救济。乾达多的"一念慈心"，不就是"恕道"吗！

抗战胜利后我们便对日本发出"以德报怨"的宣言，这不就是中国人伟大的"恕道"胸怀吗！

我们也不只是对人讲恕道，我们也应该要有对物的恕道、对境的恕道、对情的恕道。例如现在举世提倡环境保护、生态保育，这就是对生命、对自然的恕道。

现在我们也慢慢地重视"恕道"的仁政，并且在各乡镇地区设有"调解委员会"，在法院设有"家事法庭"；乃至法官对民事、刑事的案件，也都能从恕道出发，来消除人事之间的不平怨气。

恕道，大部分在有爱的时候比较容易做到；但是，在怨恨之前更要做到，这才是真正的恕道。例如，武功高强的人，行侠仗义，对受伤的敌人不再出手，这就是最高的恕道；佛教的"无缘大慈，同体大悲"，更是恕道精神的极致发挥。

有了恕道，家庭充满幸福安乐；有了恕道，人间一片温馨祥和，这是一个多么令人向往的美好世界啊！

心灵的文明

上古时代，蛮荒未开，人民茹毛饮血，穴居岩洞，以树叶蔽体，这就是野蛮而不文明。随着人民智识渐开，慢慢地从钻木取火到使用瓦斯炉、电磁炉等，吃的是山珍海味，穿的是绫罗绸缎，住的是洋房别墅，这就是文明演变过程。

但是，这只是物质的文明，我们还有一个心灵的文明世界有待开发。什么是心灵的文明呢？

当一个人从对人粗暴无礼，到待人温文儒雅，这就是心灵的文明；当一个人从寡廉鲜耻，到惭愧感恩，这就是心灵的文明；当一个人从自私自利，到一心为人，这就是心灵的文明。

心灵的文明，就是心中有慈悲、有智慧，心中有美好的东西，这就是心灵的文明。换言之，心理的建设，心灵的升华，就是心灵的文明。

人性本是美好的，所谓"恻隐之心，人皆有之"、"人之初，性本善"；我们的心灵深处，原本就有一个文明的世界，佛教称之为"佛性"。只是我们这颗善良的佛性，日积月累，被自己的贪瞋愚痴所蒙蔽、被世间的五欲六尘所染污，因此又慢慢回到野蛮时代，故而物质愈文明，往往心灵愈堕落。所以，一个社会不能只注重物质文明的建设，更应该关心的是心灵的文明。

现代举世提倡生态环保、心灵净化、反核限武、文化外交、和平统一等，这就是心灵的文明。

现在我们的社会，到处充满着和谐、和平、团结、友谊，这都是从心灵所产生的结果，这就是心灵的文明。

乃至公益机构、慈善团体，纷纷从事养老育幼、抚孤恤贫、兴学设教；政府机关推动便民项目；医疗单位研发救人救世之产品等，这也是心灵的文明。

没有心灵文明，哪来的物质文明？如果心灵不文明，所制造的都是一些杀人、危害社会的产品，如何得享物质文明？如何产生风俗、习惯、宗教、语言、哲学、科学、文学呢？

所以，我们的社会愈来愈文明，这就是进步；愈来愈进步，这就是文明。佛经里所谓东方琉璃净土、西方极乐净土，都是心里的文明世界；佛陀的清净法身、圆满报身，也都是文明的境界。我们能够创造美好的世界，建立人间的净土，这就是心灵的文明。

各有各的爸爸

有一次，在天主教公署里召开的"宗教徒领导人新春年会"，共有十大宗教的代表出席参加。

会议里，因为这许多的宗教平时很难得共聚在一起谈话，因此大家为了表示友好，就有人提倡"三教同源"，也有人主张"五教一家"，随即获得现场不少人的共鸣。但是当时罗光主教表示，如果把各个宗教的教主供在一起，他实在没有办法拜下去。

宗教界，教徒之间可以来往，但教义本来就应该不同，教主更不应该把他们集合在一起。大家应该认清：你的爸爸不能是我的爸爸！宗教的教主，就等于各有各的爸爸，怎么可以混淆呢？

所以，宗教之间，"同中必须存异，异中可以求同"，但不可一味地说，都是一样。人体上的手足，各司其用，何必要让手就是脚，脚就是手呢？

"宗教都是劝人为善"，此话不错！但是不同的宗教，彼此有方法不同、程度不同、认知不同，基本上，我们要容许各个宗教不同的存在，如此才美、才真、才好。因为尊重不同的存在，然后在不同之外，大家同是人、同是信仰、同是慈悲、同是向善；所以在教徒的行为上，大家应该互助、友爱、尊重，不必一定要把你的爸爸当成是我的爸爸，我的爸爸也是你的爸爸。

现在世间的人，习惯把一切作"二分法"：不是好的，就是坏的；不是你的，就是我的；不是真的，就是假的；不是喜欢，就是不喜欢，所以只有分裂，而不能和谐。不如就让我们认清一个事实：爸爸本来就是不同的，但儿女可以做同学，可以成为朋友。也就是说，不同信仰的教徒，彼此可以成为朋友。

佛教里，五乘佛法就有很宽广的包容。例如，把儒家作为人乘的佛教；把耶稣教作为天乘的佛教；把老庄、道教，作为声闻、缘觉的出世佛教。但是，佛法也用菩萨道来调和人天的儒家、耶教，以及出世的老庄、道教，成为各自的异同。

所以，佛法说："方便有多门，归元无二路。"希望世界上的各个宗教、各个教派，都应该作如是观。

思维的妙处

"我思，故我在"，思想是促进人类文明的动力。人因为有思想，故能开发智慧，所以佛教讲："以闻思修而入三摩地"；儒家也主张："学而时习之"、"学而不思则罔"。

思想到了极致，就是开悟。当初佛陀的悟道，也是经过苦思冥想，才能悟出宇宙人生的道理，而得了然于胸；因此有人说，佛陀是宗教家、教育家、慈善家，其实佛陀更是一位大思想家。

今之禅门的参禅悟道，也是要穷追猛问，一点也不放松，一直问，一直想，一直参下去；因此禅门的打坐，并非枯坐，而是要参。参，就是用心思想。

一篇文学作品，需要多少构思组织，篇章才能完成；一幅山水画作，也是需要经过几番思维布局，才能跃然纸上。

一块石头雕刻成艺术品，并非刀刻的力量，而是心里的思维；几十层大楼的建设，并非千百员工的力量，而是一个人思维的成就。

思想是现实之因，现实是思想之果。有因才有果，故今日之科学家、哲学家，都可视为大思想家。遗憾的是，现代的学校教育，普遍不重视思想的启发，只重视程序的教授。程序是固定的模式，思想是灵活的运用；能够思维会意，做事才能灵巧，做人才能通达。

胡适之先生曾说："大胆假设，小心求证"；假设就是思想，求证就是实践。多年来，台湾地区在农、工、商、科技方面，均有傲人的成就，这都是思想的结果。然而现在我们财富有了、物质文明了、科技发达了，我们希望今后能再多出一些有思想、有见解的人，再多用心在如何创造社会的和谐、推动和平，乃至对传统历史文化的继承改造，及如何除弊革新等问题上。

所以，我们要训练我们的下一代，从儿童时代就要开始思考：我长大后要做什么？长大后要思考：我怎样才能对社会有所贡献？

我们每个个人也要思考：如何结合多人的力量，求得共成共有？多人的团体里，更要思考：如何把集团的利益分享全民？

乃至家庭主妇也要思考：衣服如何裁剪得更合身？环境如何布置得更美化？厨师也要思考：如何使饭菜做得更美味可口等。

自然宇宙，不其然就是我们现在所认识的样子，它必定有更深广的境界，有待我们去思维探索。佛教里的佛国净土，就是由"思考"所建设的，所以我们现在也要思考：如何建设当今的人间净土？具体地说，如何建设安和乐利的社会？这是我们应该不断思索的课题。

珍惜因缘

世间，希有难得的珍宝，不是黄金，不是钻石，而是"好因好缘"也！

有因缘，才能成就好事；有因缘，才能一帆风顺。因缘具则成，因缘灭则败，所以人生希望有成就者，都必需要仰赖因缘。

有情人的往来，因缘和合，自能"千里姻缘一线牵"。有缘的人，再远、再难的情况下，都能相聚；若是无缘，真是所谓"无缘对面不相逢"也！

宇宙万有，都是仰赖因缘而有；我们的一切，也必须有因缘才能开展。我为什么能够成为某某人的儿女？因为我与他一定有因缘的存在。你看！本来是恩爱的夫妻，忽然因故分手离散，这必然是因缘尽了！所谓"缘生缘灭"，在花开的时候，要珍惜红花绿叶；在月明的时候，要珍惜明月星空。在有因缘的时候，做人也好，处事也好，居家也好，服务公职也好，一定要好好珍惜因缘。

你们说好话赞美我，我要珍惜你们赞美的因缘；你们送礼物给我，我要珍惜你们送礼的因缘。你们介绍朋友给我，你们帮我打一通电话，为我介绍一份职业，都是很好的因缘；好因好缘，我要珍惜。

当父母健在的时候，就要珍惜孝顺的因缘；等父母不在时，所谓"树欲静而风不止，子欲养而亲不待"，就很可惜了！

我们今天出生在哪一国、哪一家、哪一个地方，也一定都有一些往事因缘。因缘，安排了我们的人生；因缘，促成了我们的前途。

珍惜因缘，我未来的事业才能顺利；珍惜因缘，我的所有才不会失去；珍惜因缘，我才能发展各种关系；珍惜因缘，我才能安全无恙。

我的存在，都是仰赖、社会、亲人、朋友给我的因缘；珍惜人间的因缘，感恩人间的因缘，也就是珍惜我的所有，珍惜我的生存。

人生的富贵穷通、得失好坏，都看我的因缘如何？珍惜因缘，才有因缘。一粥一饭，来之不易；一丝一缕，都有因缘，我们怎么能不珍惜因缘呢？

树立形象

　　社会上，万万千千的人，大家都希望自己能够出人头地，树立万万千千不同的良好形象。例如，有的人以"修身养性"树立自己的形象；有的人以"行善造福"作为自己的形象；有的人树立"热心公益"的形象；有的人以"勤劳负责"为形象。

　　但是，也有的人自甘堕落，不想树立好的形象。他们认为：不能流芳百世，也当遗臭万年，所以树立坏的形象。他们藐视社会的毁誉看法，不计别人的公意批评，因此，有的人奇装异服，有的人蓬头垢面，有的人伤风败俗，有的人损人利己。这许多人以不重视形象，作为他们的形象。

　　甚至也有的人，千方百计，狐假虎威，总要表示自己有"高人一等"的形象；也有的人巴结逢迎，贪赃枉法，图谋不轨，败坏了自己的形象。

　　人在顺境里，容易树立良好的形象；处在逆境时，则比较难以树立好的形象。但是，台湾的廖添丁、清末殉难的谭嗣同等六君子，以及许多明知不可为而为之的守城将士，他们不计牺牲性命，只想在风雨如晦的乱世里，树立他们顶天立地的形象。

现在各级县市政府，以及各公私立学校等，透过评鉴考核，希望大家树立良好形象。

有的学生，勤于读书，希望在老师面前有好的形象；有的儿童，牙牙学语，他也是希望博得父母的欢喜，树立一个好宝宝的形象。

有的儿女，孝顺父母，甘脂奉养，只为了有一个孝子贤孙的形象；有的学者，在社会上不同流合污，却敢于放言高论，他也是希望树立一个有为有守的良好形象。

有的公务人员，万金不肯苟得，正直无私，只希望树立公务员清廉的典范；有的工商界人士，不忍心社会酒色财气的恶习，不肯随波逐流地投机，只为了树立生意人的傲骨风范。

做人，要有好的形象，必须仰不愧于天，俯不怍于人，不能让家人亲友蒙羞；能够树立自己良好的形象，这就是人生的意义。

吃素的真义

"民以食为天!"吃,是人生非常重要的事。在吃的文化里,尤以"素食文化"别具一格。

素食本为儒家所提倡,所谓"见其生,不忍见其死;闻其声,不忍食其肉,是以君子远庖厨也"。

佛教也提倡素食,但佛教本来不是在形式上的素食,例如原始佛教的托钵生活,在乞食时,不拣精粗、不忌荤素,随缘"借假修真"。

但是到了大乘佛教,以慈悲为本的教义,发展出尊重生命的内容。例如,六祖惠能大师在猎人群中,只吃肉边菜;信徒中,也有人吃"三净肉"者,也有人在"三、六、九"吃斋,也有人以初一、十五为吃斋日,甚至也有人吃早斋,乃至家中有婚丧祭典时,也以持斋来表示虔敬。不管如何,这都表达着一个慈悲尊重生命的意义。

说到素食,也不完全是宗教的意义:有的是为了医学上的卫生保健，有的是因为个人的身体需要，有的是为了生活的习惯，有的是因为长辈家传，有的是自己发心立愿等。

美国的航天员在登陆月球之前，特地做素食的训练，因为素食者的体力比较耐久。例如，牛、马、大象、骆驼等，皆为素食的动物，它们都比较具有耐久的力量。又如飞行的鸽子，也是吃豆谷之类的素食者，它们也是展翅千里，不屈不挠。反观狮狼虎豹，虽然凶猛，可是老虎三扑，后继无力，可见素食可以增加耐力，从这些动物中即可获得明证。

素食，也不一定从宗教上去立言。素食有益于健康，现在已经是举世所公认的事实。近代西方所提倡的健康饮食，即指素食而言。素食确实有益于身体的健康、心性的柔和、性格的仁慈，以及耐力的增加等等。

素食的真正意义，其实不要在时日上计较，也不要执着锅碗是否洗净。素食其实是乃吃"心"也，如果心中有"素"，所谓慈悲喜舍、善良道德，都尽在其中矣！

逆增上缘

　　一个人做人成功、事业成功，要靠很多的因缘帮助。就如树木花草，需要有阳光、空气、水分等因缘，才能开花结果；高楼大厦，需要有土木瓦石等材料，才能顺利成建。因缘顺，当然容易成就；因缘不顺，不管做人也好，做事也罢，到处阻碍，困难重重。

　　但是，艰难困苦可以打倒一个普通的人，却挫败不了一个有为的青年。因为，顺因缘固然可以助人成功，不顺的因缘一样可以激发人潜在的力量，成为励志向上的"逆增上缘"。例如，我有病，才知道发道心，注意健康；我受苦，才知道改善环境，奋发图强。

　　大自然里，梅花之所以受人歌颂，就是因为它耐得住冰雪，所以才能愈冷愈芬芳；松柏之所以令人喜爱，就是因为它禁得起霜寒，所以才能愈冷愈青翠。皮球不是打得愈重，跳得愈高吗？石灰不经烈火焚烧，哪能把清白留在人间呢？

我们看到，在狂风暴雨中，一根孤单的刺竹，它可以昂首挺立，屹立不动；我们也知道，在南北极的冰天雪地里，有许多的动物，它们依然奋勇地生存着。

看到台风把树木吹倒了，我会把树木再扶起来；历经地震把房屋震毁了，我会着手把家园再度重建。一个有为的青年，愈是受人歧视，他会更加发愤，有所作为；愈是被人欺负，他会更加争气，力争上游。

所谓"寒门出孝子"，有时晚娘的呵责，也可能成为"逆增上缘"，造就出优秀的子孙。禅门鼓励人，寒时到寒冷的地方去，热时要往热的地方走，可见在逆境中也自有另一番的天地！

中国佛教史上，如果没有"三武一宗"的教难，就显现不出中国佛教的辉煌力量；如果没有威权专治的重重迫害，就不会有慧远大师喊出"沙门不敬王者"的高论；没有犹太出卖耶稣，就显不出耶稣的圣德；没有提婆达多与指鬘外道的迫害，就显不出佛陀的崇高与伟大。所以，人不要害怕不顺的逆境，在人生的路上，大石挡路，你可能被它绊倒，你也可以把它当成眺高望远的垫脚石。人的成功与失败，就看你是否能将"逆境"化为"增上缘"，因为：

没有黑暗，哪里有光明呢？没有罪恶，哪里有善美呢？

没有污秽，哪里有洁净呢？没有差别，哪里有统一呢？

香遠益清

一九九三癸酉之春 張克齊 畫

做事可以失敗，但不能做人失敗；
過去可以失敗，但不能未來失敗。

凡事深思熟虑，有计划，则事半功倍；
凡事轻慢草率，没计划，则事倍功半。

友谊的建立

　　人，不能没有朋友，所谓"在家靠父母，出外靠朋友"。甚至从小在家，我们就以邻居为友；长大后求学以同学为友，出了社会工作以同事、同乡、同志为友。可以说，在人生的每个阶段，我们都需要朋友，朋友是除了家人以外，与我们关系最密切的人。

　　朋友有亲有疏，有好有坏；有的朋友只是泛泛之交、点头之交，有的朋友可以秉烛夜谈、促膝长谈。一个人一生能够得一知己，真可谓"足堪告慰平生而无憾"矣！因为"相交满天下，知音有几人"呀！

　　世间，有的人可以为朋友"两肋插刀"、"毁家纾难"；有的人则"见利忘义"、"卖友求荣"。有的朋友可以同甘苦，共患难；有的朋友只能共患难，不能同享荣华；有的则能共享荣华，不能共度患难。

　　汉朝的汲黯、郑当时两人都是曾经位列九卿的贤臣。在他们辉煌腾达的时候，每日访客络绎不绝，等到他俩丢官了以后，因为一向廉洁，家徒四壁，从此再也没有人拜访了。司马迁在《史记》里慨叹地引用翟公的话说："一贵一贱，交情乃见。"令人不胜嘘唏！

与朋友交，所谓"近朱者赤，近墨者黑"，汉朝马援曾对子侄辈告诫：要亲近益友，切莫亲近恶友，所谓"刻鹄不成尚类鹜"，"画虎不成反类狗"也。所以我们应该择友而交：要交知耻的朋友、要交有义的朋友、要交有信的朋友、要交有道的朋友。

有一次，孔子问弟子，平生的志愿如何？子路说："愿车马衣裘，与朋友共，敝之而无憾！"可见，子路是一个能与朋友"互通有无"，慷慨而讲义气的人。

曾子也曾经说过："君子以文会友，以友辅仁。"他甚至把对朋友守信否，当成每日自我反省的课题。可见曾子是一个重视诚信的朋友，他把朋友当作是切磋道业、增品进德的对象。

其实，所谓"朋"者，两月相辉映也！所以朋友本来就应该是要互切互磋，互相提携成就；要把朋友当成一面镜子，所谓"见贤思齐焉，见不贤而内自省"。朋友之间要能"观德莫观失"，"善可为法，恶可为戒"，才能发挥朋友的功能。

有一天司马牛忧伤地说："人皆有兄弟，我独无！"子夏安慰他："君子敬而无失，与人恭而有礼，四海之内，皆兄弟也！"

其实，只要我们能待人以诚、待人以信、待人以谅、待人以德，则四海之内何尝不也都是我们的朋友呢!

人要有使命感

常听到人问："人，为什么要活在这个世界上？生命的意义究竟是为什么？"回答这一个问题："人，是为了使命感才活在这个世界上的！生命的意义，乃负有使命感之谓也！"

有的人，从小就立志要报效国家，报国就是他的使命感。有的人，自幼便有兴家立业之心，这是他对家族负有使命感也！有的人深知办学教育的重要，教化就是他的使命感。有的人想到生产济世，生产就是他的使命感。

有的父母，为了子女的教育，自己甘愿做牛做马，劳苦杂役，他认为这是他的使命感。有的贤妻，为了帮助丈夫成就事业，不惜节衣缩食，辛勤持家，他认为帮助丈夫成就事业，这就是她的使命感。

从军的人，心甘情愿地捐躯沙场，他认为这是他的使命；身为教师，教育英才，一生与讲台、板书为伍，他认为春风化雨就是他的使命。

医护人员，悬壶济世，视病如己，因为他们对于救人负有使命感也！宗教家，弘法利生，一生甘于淡泊，把真理传播给人，因为普济众生，这是他们的使命感也！

多少勤劳的忠仆，一生侍候主人，他以此作为使命。多少的驾驶人员，从事交通运输，载客送人，不管早晚寒暑，奉献一生岁月，他认为这就是他的使命。

优良的记者，不畏险难，采访新闻，供给大众真相，他认为采访就是他的使命。演艺人员，各种表演，为了博君一笑，甚至演尽多少悲欢离合，他认为这就是他的使命。

人，要有使命感！但是，我们的社会也有许多没有使命感的人，他们吃喝玩乐、招摇撞骗、游手好闲、不务正业；就如马牛，水草之外，别无希望，这就失去了人生的意义。

其实，但看动物中：

狗以看家为使命；猫以捕鼠为使命；鸡以司晨为使命；蜂以酿蜜为使命。

牛，拉车负重，这就是它的使命；马，日行千里，这也是它的使命。

我们生而为人，怎么能没有使命感呢？

犹豫不决

世间，有一些人有犹豫不决的个性，遇事畏首畏尾，踌躇不前，贻误了许多好事。《金刚经》把"犹豫"比喻为"狐疑"，因为狐狸的性格，经常犹豫也。

做大事的人，必须有果断的勇气。两军对阵，一场你死我活的战争，如果主将对于战术犹豫不决，何能克敌制胜？

过去帝王之家，预立储君太子，立长立幼？犹豫不决，造成帝位之争，甚至动摇国本。西楚霸王项羽，因为韩信曾受胯下之辱，怀疑这种人是否能够重用？犹豫之下，韩信改投刘邦，最后项羽终被韩信打败，刎颈于乌江。

光绪皇帝在位三十多年，性格软弱，犹豫不决，在慈禧的控制之下，变法维新不成，反而成了瀛台的囚徒。

人生的成败，性格影响大矣！凡事我们应该当机立断，否则，你看！古今历史，士农工商，各种事业，因为犹豫不决而失败者，比比皆是。犹豫不好，但固执成见也不好；我们应该要自我反省惕励，千万不要犯了犹豫与固执的毛病而不自知。有些人买卖股票，对股票风云，投资与否，犹豫不决，失去赚钱商机，亦属可惜也!

有的青年，为了报考哪所学校，左思右想，犹豫不决；有的人有心创业，但不知投资哪个行业，无法选择，犹豫不定；有的男女相爱，本来天生佳偶，也由于犹豫不决，致使情场生变，坐失有情人不能成为眷属，实为遗憾! 有的人对于朋友给自己的支持，本来是好事一桩，但也由于疑心，犹豫不决，故而错失良机。

当然，凡一切事情，谋而后定，应该要多做思考，思前顾后，所谓"谋定而后动"；但是，过多的犹豫，往往坐失良机，亦是败事之有余也，实在应该引以为鉴。

幻想的毛病

人，要有理想；有理想，才有目标，才能定宗旨，才能按部就班地实现理想。

但是，人也有妄想，甚至于幻想；因为不自量力，希图达不到的目标，这就是妄想。甚至不可能成为事实，没有一点可能的"因缘"，只是虚无缥缈的幻想，当然不能成功。

有的人幻想"白日升天"，有的人幻想"不劳而获"，有的人幻想"点石成金"，甚至于有的修行人幻想"当生成就"。这许多幻想，都不可能成为事实，除非《天方夜谭》里的"一日国王"，否则哪里可能有所成就？

亚历山大大帝梦想征服世界，当他日夜行军，终于走到海边，才发现这原来是一场不可能实现的妄想。秦始皇兼吞六国，统一天下；他妄想长生不老，遣使海外求药，又自称始皇帝，幻想子孙能够二世、三世，代代绵延不尽。其实，与"世事无常"的真理不相吻合的事，终究只是幻想、妄求而已矣！

　　世间人，自己不努力，不想辛苦工作，只希望明天就能发财，这就是幻想；自己不培养因缘，不先做好准备，就希望眼前出现一栋大楼，这都是幻想。我们鼓励人要有理想，但不可妄想，更不能幻想。

　　幻想不吃饭，就可当饱；幻想不读书，就能聪明；幻想不工作，就会发财；幻想不结缘，就能成功。这些"幻想"的事情，终究不可能有"实现"的一天。

　　好幻想、不重实际，这尤其是现代青少年的通病；现在的青少年往往异想天开，每天只知幻想："我将来要如何富贵"、"我将来要如何荣华"。然而，仔细想想看，一个不播撒富贵荣华种子的人，他怎么能够获得富贵荣华的结果呢？

　　世间，凡一切事情的成就，切实的行动占十分之八九，故"想"不能把事情做好，必须脚踏实地才能将事情做圆满，否则"南柯一梦"、"黄粱梦"醒，也只有徒增人生的悲凉与伤感罢了！

为你好

　　一个清廉的政府，所有的施政，都是要对全民好。父母即使对儿女唠叨，他的话，也是为了对你好。朋友的诤言，同事的劝谏，也都是为你好。

　　"为你好"，我感受不到！你们说为我好，但我总觉得你们是在找我麻烦，哪里是为我好？

　　为什么体会不出别人"为我好"呢？这就是站在自我的立场，不能认清理则，不去体会别人的好心好意。人，如果能体会出别人"对我好"的好心好意，时时处处都感谢别人为我好，若能如此，庶几无过矣！

　　"孟母三迁"，是为了对孟子有一个好的环境；岳母在岳飞背上刺"精忠报国"，这不但是对岳飞好，也是对国家好。

　　长辈有时告诫子弟，要吃苦耐劳，子弟总认为长辈的要求过分；师长教训学生，要忍受委屈，学生反而认为老师不通情理。其实，父母师长，即使骂你、打你、不理睬你，也都是为你好啊! 你如果懂得, 就应该"依教奉行", 不但不会怨恨, 反而要感激涕零。你能体会得出别人对你好, 你的心性自然就会好起来, 自然能够"善解人意"!

别人对我好, 自己不能体会, 实在懵懂无知。人应该要懂得"良药苦口, 忠言逆耳"; 如果不能体会别人对我好, 不但让对方失望, 也辜负了他的好心。

医生, 为你开刀手术, 虽然痛苦, 但这是为你好; 师长, 对你严苛地要求, 其实也都是对你好。责备, 是让你能知过学好; 惩罚, 也是让你能知错改好。如果人人懂得别人"为我好"; 真的好, 固然很好, 即使不好的, 只要是好心好意, 也是"为我好"。如果能有这样的受教, 那正是所谓"和风细雨, 用以成长也; 冰雪霜寒, 所以成就也"!

为你好的反面, 我有为人好吗? 有能力的人, 不但能为人好, 而且能为自己好。好, 不是说好就好, 要有实际的行为。比方说, 我们用勤劳为人服务、用语言赞美别人、用心意祝福别人, 看起来是为别人好, 实际上也是为自己好啊!

"为你好"、"为他好"、"为我好", 内中实在是有无尽的好意啊!

老做小

在佛教里有这么一则故事：

有一个信徒到寺院拜佛，知客师招呼过后，随即对身旁的老和尚说："有信徒来了，请上茶！"不到两分钟，又对老和尚说："佛桌上的香灰要记得擦拭干净！""拜台上的盆花别忘了浇水呀！""中午别忘了留信徒吃饭！"只见老和尚在年轻的知客师指挥下，一下子忙东，一下子忙西。信徒终于忍不住好奇地问老和尚："他是你什么人？怎么总是叫你做这、做那的呢？"老和尚得意地说："他是我徒弟呀！我有这样能干的徒弟是我的福气，信徒来时他只要我倒茶，并不要我讲话，他只要我留信徒吃饭，并没有要我烧饭，平时寺里的一切都是他在计划，省了我很多辛苦呢！"信徒不解，再问："不知你们是老的大，还是小的大？"老和尚说："当然是老的大，但是小的有用呀！"

"敬老尊贤"，这是中国传统的美德，所谓"家有一老，如有一宝";俗谚也说"和尚要能老,老了就是宝"、"不听老人言,吃亏在眼前"。甚至佛经里的"弃老国",以及中国古代的"商山四皓",都是在说明老人智慧的宝贵。

老人的智慧与经验,固然是家庭、社会的一大资产;然而一个社会的发展,也不能缺少年轻人的活力与动力。现代的家庭里普遍有"婆媳问题"、"代沟问题"。其实,只要身为婆婆的不要存有"多年媳妇熬成婆"的心态,而能改成学习老和尚"老做小"的精神,把媳妇当成自己的女儿般疼爱,媳妇也能视婆婆如亲娘一样地尊敬、孝养,家庭怎么会不幸福呢?

父子之间的代沟问题,只要身为父亲的,不要凡事以权威性的命令,而能改以关心、辅导、协助的立场,学习老和尚的"交棒"而享"清福"的心情,看着儿女成长,儿女也能学习、尊重父亲的经验、智慧,不要躁进、排斥,如此又何来代沟之有呢?

其实,人生原本无所谓大小、高低、好坏、贵贱,完全是在于自己的观念。

俗语说:越是成熟的稻穗,头垂得越低。自古以来,越是礼贤下士的帝王,越是以贤名留芳;越是不耻下问的老师,越是能以学问传世。所以,人们彼此之间,只要能够做到"老做小"、"小敬老",家庭必能融洽,社会必能和谐。

共识的妙用

同志、同道、同学、同门，这都是志向一致，目标一致，所谓"一师一道"、"一心不二"，共识之妙也！

佛教的僧团之建立，"见和同解"就是有共同的认识；有了共同的认识，力量集中、意志统一，任何事情必能迅速完成。

西方的经济学家每每到台湾地区参观过后，对台湾地区的经济发展所给予工商界的忠告，总是"要有共识"，因为"共识"可以把台湾地区的经济奇迹推向世界。

一个国家社会，意见不一，可以讨论，但是所谓民主时代，只要一经众意表决，就应该达成共识。

因为没有共识，纵有力量，也会互相抵消。你有你的主张，他有他的办法，我有我的计划，大家各行其是，一切理想，就因为人力资源分散，因此不容易达到目标。

所谓"楚虽三户，亡秦必楚"；因为楚人对于复国，彼此有共识。"毋忘在莒"，齐国所以能一夕之间收复七十余城，也是上下一心，具有共识，所以才能反败为胜。

鉴古观今，我们看到每一个朝代，都是因为朝中意见不合，前方将士无所适从，故而每每导致国破家亡。

我们看到一个家族，同心协力；一个公司，上下一心；一个政权，对国对民，都有共同的认识。所以，成否胜败，不必等到结果才会知晓，最初但看是否具有共识，就可知矣！

抗战期中，日本军阀以强大的军事武力，预备三个月内消灭中国，但中国军民，上下一心，经过八年浴血苦战，终于获得胜利。上下一条心，就是共识。

现在台湾地区的企业工商界，许多家族企业，一旦遇到兄弟阋墙，意见不一，失去共识，先人所创的事业，即刻土崩瓦解。纵观古往今来，殷鉴历历，能无动于衷乎！

话说七月

　　"七"，在中国的数字当中，是一个奇数：七巧、七星、七彩、七律；基督教也有"七天创造宇宙"之说，甚至七天一周，每周日要上教堂做礼拜一次；在佛教里则有禅七、净七，乃至以七七四十九表示无限的意思。"七"是一个变化无穷、蕴涵无尽的数字。

　　然而，长久以来，中国的七月一直被认为是鬼月，是不吉祥的月份，料想是从道教中元普渡开鬼门关的思想演变而来。因为以讹传讹，于是把七月认为是一个"诸事不宜"的月份，例如七月不可出门、不可开刀、不可结婚、不可购屋、不可搬家等等；民间的七月，仿佛"鬼影幢幢"，其实在佛教里，七月十五日是"佛欢喜日"。

　　所谓佛欢喜日，源自于佛世时的印度，每逢夏天雨季来临，所有僧侣皆不外出托钵，只在山中林间打坐经行，专心修持，此称为"结夏安居"。经过三个月的时间，到了七月十五日这天，也

多少禅师因花开花谢，而参透禅机；
多少释子因日出月现，而悟道证果；
多少云水僧见青山绿水，而灭却心火；
多少行脚人看鸟飞鱼跃，而觉得自我
只要用心留意，人生当能有一番境地。

一念顿悟，可以放下身心，
解脱自在，不受热恼；
一念生迷，只会作茧自缚，
掀风起浪，不得安宁。

就是安居结束之日，所有僧众一一把自己的修行体悟向佛陀报告，等待佛陀的认可，这一天就叫做"僧自恣日"，又称"佛欢喜日"。

从古到今，每逢七月，一般寺庙大都会启建盂兰盆报恩孝亲法会，而信徒则为供僧、祭祖而大行布施功德，所以佛光山一直提倡七月是乃僧信孝亲报恩、祈福修善的"吉祥月"、"功德月"、"报恩月"、"孝道月"、"福田月"、"僧伽月"。经过长期的宣导，现在社会大众已能普遍认同，并且接受七月为"孝道月"的观念，甚至国际佛光会中华总会会长吴伯雄先生更提倡七月为"慈悲月"。

七月其实不就是一年十二个月当中的一个月份吗？相传七夕是牛郎织女一年一会的日期；美国的国庆日也在七月，甚至全世界的名人当中，七月出生的更是不计其数。现在的学校大都在七月举行毕业典礼，联考放榜也是在七月；即使是中元普渡或盂兰盆法会，也是慈悲救济的意思。七月到底有什么不好？为什么大家要丑化七月呢？

七，本来是一个好的数字，但因民间牵强附会，大家七嘴八舌，搞得一般社会大众到了七月倒反而"七上八下"，认为诸事不宜。其实，佛教讲"日日是好日，月月是好月"，应该在七月成办的事，什么都可以去做，实在不必为了无稽之谈而自乱生活步调，甚至因为疑神疑鬼而徒让心灵蒙上阴影，何苦来哉呢？

健康的重要

人间什么最重要？健康最重要！一个人如果失去了健康，即使拥有财富、爱情、名位、权利等，于己又有何意义！

根据资料显示，人类死亡的原因，依序是：

第一，疾病。例如艾滋病、肺结核、肝癌、心脏病等，于今都是名列世人死亡的十大疾病之一。

第二，战争。自有人类以来，大小战争不断；一旦战争爆发，不但炮火无情，敌人的无情蹂躏，诸如南京大屠杀、扬州洗城、嘉定三屠等，可知战争之残酷，更是死伤无数。

第三，意外。尽管现代科技发达，每年死于交通、地震、风灾、水灾、空难的人数，有增无减。

第四，死刑。世界各国的罪犯，一年当中枪毙的何止万千的生命！即以中国秦始皇的焚书坑儒；历代的文字狱、思想犯，更是死伤不知凡几？

第五，其他。诸如自杀、油尽灯干而终者，皆在此列。

人生，一旦没有了生命，没有了健康，一切都是空谈；健康的重要，由此可见。

如何才能获得健康呢？依照各家的说法，例如医学界认为：第一要运动（每天至少一万步）；第二饮食要清淡而少量；第三要动脑思维。

在佛教也有心理健康与身体健康疗法。在心理健康方面，要保持：净心、宽心、慈心；在身体健康方面，要礼拜、行香、作务。

其实，真正的健康，意义有三：

第一，要能有益于社会的公益。

第二，要能有益于自己身心的修养。

第三，要能对后世有贡献、影响。

现代的医学界，不但利用基因来疗病，维护身体健康；甚至发展出基因复制牛、复制羊的现代新科技。对于基因带给社会未来的发展，究竟利与弊，自有其因缘果报；我们身体的健康与不健康，也都在因缘果报之中。所以，我们生存在世间，要懂得生命是受着因缘果报的影响；我们的健康，乃至未来的幸与不幸，也都有因缘果报的关系。

总之，健康乃人人所求，人人所希望；但是我们应该了解，健康不是神明所赐给，也不是金钱所能买得。能否拥有健康，完全要看自己对因缘果报的认识和实践而已！

结缘：幸福箴言

自然之美

　　美，人人希望，人人追求；假如生来不美，也要借着人工加以美容、化妆、整型，总要想方设法增添自己的美丽。然而，不管人工打造得再怎么周全，总不若自然之美也。

　　自然之美，你看！宇宙间，天空蔚蓝，白云飘飘；雨后的彩虹如桥，夜晚的星光闪耀。在明月高挂的夜空下，天高气爽，独自登高，瞭望苍穹无边的虚空，不但令人感到大自然的美丽，更让人感到大自然的无穷无尽。

　　天地间，你看！峭壁千仞的高山，壮阔澎湃的江河，蓊郁苍翠的林海，一望无垠的沙漠；这许多大自然美丽的锦绣河山，不但让人歌颂自然之美，更要歌颂自然的伟大。

　　自然之美，令人神往，令人咏叹。在生活中，有的人为了追求美，自然不足，补之以人工：庭院花圃，总要设计得与自然相衬；家居的书房客厅，总是布置得很有自然的美感，甚至自己的服装、脸型、身段、姿态等，总要想办法合乎美的标准。

其实，美是难以有标准的；但是，美应该是有原则的。美，要让人看起来感觉很舒服，要能净化性灵、升华心识、扩大胸襟、超越现实世界；能够美化人生，那就是美的意义。

世间，建筑物如果过分雕梁画栋，就会失去自然之美；人，如果过分浓妆艳抹，也会失去自然之美。因为，装扮做作、刻意矫情，就失去自然之美了。

我们追求自然美，说话要能幽默流畅；做人要能通情达理；处事要能天衣无缝；进退要能恰到好处。能够如此，那就几近于自然之美了。

所谓"自然就是美！"男士的威武，女性的柔和，老人的慈祥和蔼，儿童的天真烂漫；只要适性所为，那就是自然之美了！

现在的社会，也有很多美丽的建筑、美丽的绘画、美丽的装饰、美丽的都市，总之是人创造的。唯有自然美，那才是自然创造的。

蔚蓝如洗的天空，人能创造出来吗？无边浩瀚的海洋，人能创造出来吗？巍巍高耸的山峰，人能创造出来吗？红如柿子的太阳、净如琉璃的月亮，人能创造出来吗？

所以，自然之美，是非人工所能创造出来的。我们只有歌颂自然之美，欣赏自然之美，学习自然之美喔！

增加营养

　　身体不好，要增加营养；体力不足，要增加营养。总之，人的健康，要靠增加营养来维持。

　　保持人体健康的营养，也不一定只靠食物、药物，或是什么珍贵的补品；其实，真正的营养，宽心、乐观、积极、爱人、明理、感恩、知足、惭愧、惜福、结缘、慈悲、智慧等，都是最好的营养。

　　此外，清净的空气就是我们的补品，和煦的阳光也是我们的营养，良言鼓励，体贴慰言，也都是美好的资粮。

　　世间，有一些人饱食终日，无所用心，越是清闲疏懒，越是精神萎靡，暮气沉沉；但也有的人每日东奔西跑，忙碌不堪，却越忙越有活力，越忙越是精神焕发，生气盎然。可见人生以服务为目的；忙碌劳动，更是身心最滋养的肥料。古代禅门的百丈禅师"一日不作，一日不食"；临济禅师的"栽种松树"；道元禅师的"晒香菇"，不但是修行，其实也是最佳的养生之道。

然而，世间也有一些人，不但不注意身体的营养，不但不懂得保健，反而戕害自己的身心。例如：不应该发愁的时候他发愁；不应该生气的时候他生气；不应该有的欲望他贪求，不应该拒绝的他排斥。一个人如果量小如酒杯，就算是天降甘露给你作为补品，你也所得不多！

平时我们读书，读书是营养；我们旅行，旅行是营养；我们信仰宗教，信仰是营养。有时候我们交友，也是为了增加营养，所以交友时要看，这个朋友有没有营养？我们所接触的周遭，只要对自己的道德、品性、智慧、人缘能有所增加者，都是重要的营养。

甚至，天地万物，都是彼此互相补充营养。因此，我们除了自己要吸收从外面而来的营养以外，自己本身也应该时时以微笑、好话、服务、奉献、结缘等，作为回馈给别人的营养。人际相处，能够彼此相互营养，这才是真正的增加营养。

死水与活水

　　一池静止的死水，和一条涓涓细流的活水，同样是水，但是我们即刻可以判断出水质的不同。

　　死水，表示没有生命；它没有跳跃，没有流动，没有未来。而活水虽然是细流，但奔放向前，与阻碍奋战，自能流出无限的前途。

　　生命一如流水；流水淙淙，永不停息。我人的心念，念念不停，恰如流水。唯识宗更将第八阿赖耶识喻为瀑流。

　　生命如水！但是，有的人自己本身保守固执，不把生命、心灵跟大地众生共同活跃起来，宛若一潭死水，无益于世。有的人读死书，死读书，读书死，这都是没有活用生命，故而让生命变成了死水。有的人觉得做人难，人难做，难做人，这也是没有发掘自己的潜能、才华、专长，所以活水不来，就如同死的生命。

　　当一个人感到自己的生命有所不足时，就是死水；当一个人不肯发心利众时，就是死水；当一个人不愿把自己的所有分享别人时，就是死水。

朱熹有诗云："问渠那得清如许？为有源头活水来。"当我们有了般若智慧，就是有活水。我们应该善用我们生命的活水：

枯萎的禾苗，我以甘霖的活水滋润之；

瞋恚的怒火，我以忍耐的活水熄灭之；

污秽的身心，我以智慧的活水洗净之；

焦渴的人生，我以佛法的活水饮用之。

不只生命如水！其实：

人情如水：如果只蓄不流，就是死水；如果能够彼此互动，相互往来，就是活水。

金钱如水：金钱不用，就是死水，能够活用金钱，就是活水。

人性如水：水往低处流，人往高处走；人生能有"逆水行舟"的精神，逆生死之流而上，生命即可活跃，即是活水。

人心如水：水会流，心会动；当我们把心活跃起来，就是活水。

一只茶杯打破了，茶杯本身不能复原；但是里面的水流入地层，经过遇热蒸发，遇冷凝结致雨，仍然可以还原回来。所以，生命如水，流遍十方；能否活出生命的价值？就看自己的生命是死水还是活水！

沟通的技巧

居家环境的水管、水沟如果不通，污水不能排除，就会污染环境，造成生活上的不便，影响生活品质。人际往来，如果沟通不良，不但事业难以成功，自己的人缘或是家庭生活也都难以有美好的结果。因此，如何跟别人保持良好的"沟通"，建立良性、和谐的互动关系，这是现代人生活里必修的一门学问。

现代人因为经常自我设防，造成人们彼此之间的疏离，许多家庭问题因此产生，例如亲子之间的代沟、婆媳之间的不和，乃至亲朋、邻居之间老死不相往来等，大都起源于沟通不良。

造成沟通上的障碍，有的是拙于言词，有的因为表达不当，有的则是因为自己预设立场，不能接受别人的意见，自然无法沟通；也有的人态度冷漠，令人不愿碰触；但最是令人难以接受的，则是姿态太高，对于自己的主张，要人奉若圣旨，完全没有商榷的余地，如此之人，如何沟通？因此，一个人能够"从善如流"，让人觉得自己很好说话，别人才好跟你沟通；能够"与人为善"，让别人觉得于己有利，别人也才愿意与你沟通。

尤其，沟通的目的，是为了取得彼此的共识，达成意见一致，而非强迫对方接受自己的意见，因此要能站在对方的立场，设身处地地替对方着想；能令对方欢喜接受，才是有效而成功的沟通。

佛世时，佛陀为了度化优婆离、尼提等阶级低下的弟子，总是先给予赞叹、肯定、认同，先让他们对自己建立起信心，再引入佛门。所以，佛教的"四摄法"布施、爱语、利行、同事，都是沟通人际的最好法门。

现代人除了夫妻、亲子、朋友、主从、党政之间要沟通，甚至在国际上，国与国的关系，乃至东西文化之间，都要建立沟通的管道，彼此在意见、思想、理念、作风、主张上都要互相交流，如此才能融洽和谐、兼容并蓄、共存共荣。

除此，每日与自己保持良好的沟通，对自己的优点加以肯定，对自己的缺点加以改进，时时保持乐观开朗的生活态度，不要让自己的心中积满不平、不公、不满的情绪，一切随来随遣，这才是最重要而不可或缺的"沟通"功夫。

回头转身

"回头是岸"，这是一句警世的名言，所谓"浪子回头金不换"，一个人如果不能看清自己的前途去路，只是盲目地往前冲撞，其结果不是碰到墙壁而头破血流，便是坠入悬崖而丧身失命，所以懂得"回头是岸"，这是非常重要的。

在人生的旅途上，处处充满了诱惑、陷阱，如果不懂得"回头"，终将陷入万劫不复之境。例如，色不迷人人自迷，酒不醉人人贪杯，所以在酒色之前，要能"回头是岸"。

金钱名利，一心贪求；高官厚禄，心向往之。可是名枷利锁，框缚了古今多少的英雄好汉？如果能够懂得"回头"，人生何至于有那么多的不自由、不自在呢？

人生世间，在我们面前的只有半个世界；如果懂得"回头"，也还有半个世界。前面的半个世界只是个窄门，大家都往这个窄门里挤，当然要挤得头破血流；假如能够回头，看看后面的半个世界，无人争、无人抢，何等宽广！何等逍遥自在呀！

　　"苦海无边"，真是"回头是岸"呀！人不但要懂得"回头是岸"；懂得"转身"也是非常的重要！人常常被世事逼到一个死角里；常常因为顾念人情而陷入胡同中。如果能够懂得"转身"，为自己预留一点空间，何等的重要啊！

　　汽车行驶在马路上，就要预想如何才能转弯？人和人在路上相遇，就应该懂得自我"转身"；如果互不相让，不懂得转身，就表示自己胜利了吗？

　　很多尴尬的事情，自己要懂得找个台阶下，那就是一个"转身"；人和人起了争执，也要能相互礼让一些，这就是"转身"。在人我之间有了计较的时候，你没有留给自他转身的余地，当然不会有很好的结果；在金钱利益的面前，你不给人一些转圜的空间，自己又怎么能有转身之地呢？所以，当你遇到阻碍的时候，就应该要懂得"转身"。

　　所谓"行到山穷水尽处，自然得个转身时"。船，行驶在苦海中，就要知道"苦海无边，回头是岸"；当你向着人生的前途出发时，自然也要明白，自己的转身之地在哪里呢？

　　在佛光山的头山门，有一首对联说："问一声，汝今何处去？望三思，何日君再来！"其横批即"回头是岸"；能够懂得"回头是岸"，还怕没有"转身"的余地吗？

愚痴的可怕

世间最可怕的是什么？贫穷、饥渴、恐怖、绝望……，其实，愚痴最可怕。

愚痴就是不明理，不明理的人，颠倒、邪见、恶行，不但影响自己、影响一时，而且影响他人、影响后世。

在佛经里，佛陀一再强调智慧的重要，因此举出许多愚痴的故事来说明愚痴的可怕，例如：刻舟作记、学鸳鸯叫、背门看戏、杀子成担、愚人吃盐、牛腹集乳等；中国的成语故事中，"削足适履"、"剜肉补疮"，也是在说明愚痴的可笑。

在古今历史上，有的江洋大盗因为一时泯灭良知，打家劫舍，故而身陷囹圄；有的卖国汉奸因为一时不明利害，贪图所得，于是骂名千古，这就是愚痴。

在现实生活里，好赌的人，以为只会赢不会输，这也是愚痴；好战的人，以为会胜，不知会败，这也是愚痴。

害人，只想到自己的利益，完全没有想到害人的结果，这是愚痴；顽强的人，只想到自己出气，却不顾因此会伤害到处世的人和，这也是愚痴。

商人"买空卖空"，想要投机致富；农夫"拆东篱，补西墙"，这都是愚痴。妇女买了许多的衣服穿不完，要经常晒洗衣服；富人买了许多房子住不了，要经常打扫房子，这都是愚痴。

不能认清事实真相，遇到问题不能针对症结所在，提出正确的解决之道，这更是愚痴。

愚痴比一般的犯错更加严重；犯错如同走路摔倒了可以再站起来，愚痴如暗夜行走，不见光明。愚痴需要智慧的光来照破；所谓"千年暗室，一灯即明；累劫愚痴，一智顿悟"。认识愚痴的可怕，尤感智慧的重要，因此我们应该开发自性的智慧之光，如此才能创造光明的前途。

心的牢狱

一个人，如果做了违法的事，被人一状告到法院，就要接受法律的审判。有时候虽然别人没有提出诉讼，没有受到法律的制裁，但却逃不过自己良心的责罚，因而终生住在"心的牢狱"里。

其实，举世滔滔，满街的行人，如果让每一个人自己来反省，你能说自己从未做过违背良心的事情吗？如果做了违法的事，自己坐进了心的牢狱，表示还有良知、懂得惭愧，这种人还好，就怕有的人恬不知耻，虽然他心中没有牢狱，但是将来因果报应，还是免不了会有刀山剑树的地狱之灾。

社会上，有的人虽然犯了法，身陷囹圄，身体失去了自由，但因为他懂得反省、知道忏悔，反而得到了心灵的解脱，得到了灵魂的自由。所以，牢狱里的犯人，其实是用时间换取了空间，让他在牢狱里能够自由地思想、自由地反省、自由地忏悔。所以，外在有形的牢狱，反而开启了他的心灵之门，开启了他的性灵之光。

反观一些每日奔走在市侩之途的自由之人，他们的心灵却被权势名位、利害得失、人我是非、无明烦恼等紧紧地束缚住，正如禅门的"鹅在瓶里"，不得自由。

社会上的牢狱有多种，依罪行轻重、定谳与否，分别有看守所、少年观护所、少女技艺所、外监、重刑犯监狱、终生监禁等。

世间之外，佛经里有所谓的十八种地狱，分别是八寒、八热、孤独、近边等地狱。其实这些地狱也就是我们自己心中的牢狱，例如：欲望的牢狱、瞋恨的牢狱、我执的牢狱、愧疚的牢狱、懊悔的牢狱；惊慌恐惧的牢狱、灰心绝望的牢狱、忧悲苦恼的牢狱等。

这么多的牢狱，其实都是源于"五蕴"所积聚的"我"；我，就是牢狱，五蕴炽盛就是牢狱。因此佛经说："三界无安，犹如牢狱"，没有获得解脱的人，每天就像被钮械枷锁拘身，时刻不得自在。

我们要如何才能从"心的牢狱"里解脱出来呢？

第一，信仰。信仰的钥匙可以开启心牢之门，到达快乐的天堂。

第二，慈悲。慈悲的钥匙可以开启心牢之门，到达无争的领域。

第三，智慧。智慧的钥匙可以开启心牢之门，到达光明的净土。

第四，道德。道德的钥匙可以开启心牢之门，到达完美的
世界。

聪明的你，是否找到开启心牢的钥匙了呢？

受骗的原因

经常听到有人抱怨：被人骗了！歹徒骗人的伎俩，诸如：金光党用假钞骗真钞、不法商人用假货骗取金钱、不肖之徒用可怜相博取别人的同情，从而遂行诈骗之实；更有宵小之辈以花言巧语获得别人的欢心，实际上也是在行骗诈欺。

世间骗人的花样很多，一般人之所以上当受骗的原因，除了少部分人因为基于一份恻隐之心，未经求证就贸然听信于人，故让歹徒有机可乘。除此，受骗的原因，大都是因为贪心；贪心，才是受骗的最大因素！

举例说：有人谎称家有传家宝贝的古董一只，价值不菲，因需钱应急，只要有人出价三十万，即可半卖半送；如果你贪图别人的宝贝，自然即刻被骗上当。

也有人说，自己有土地一块，市价值几千万元，因生意一时周转不灵，希望能以土地抵押向你借款五十万元，一等卖地后，连本带利六十万元奉还。结果事后发现，原来土地所有权状是一纸伪造文书。

也有人以五十万元支票调借头寸二十万元，言明逾期未还就以支票偿付，结果事后发现，此乃空头支票也。

也有人声称与朋友合伙投资做生意，明年即可分红多少，现在需要资金三百万，请你先给予方便，明年加倍奉还。结果也是肉包子打狗，一去不回。

也有人自称来自军中，手上有军粮二千石，无法报销，只要你付运费十万元，即可免费奉送。结果二千石粮食没个影儿，十万元也飞了。

世间形形色色的人，到处不乏骗子充斥人群。即以家庭中，兄弟姐妹彼此之间也会行骗，这是家庭骗子；社会上，同事、朋友之间，也会谎言以对，这是属于社会骗子；国际上，也有军火骗子、经济骗子，甚至政治骗子等。

被人骗了，这是小事；人生最大的愚事，是自己骗自己。之所以如此，是因为不能认识自己的居心动念，不能认识自己的因缘关系，所谓"不知为知，不明为明"，因为自我伪装，这是自己对社会行骗。

其实，每个人从小为了向父母取得自己的要求，即对父母行骗；谈恋爱时，虚张自己的条件，这就是对爱人行骗；护短、恕己，这是对社会、对长官、对自己都在行骗。因此，人骗我，我骗人，造成相互蒙骗的社会、相互蒙骗的人生。

　　如何从蒙骗中解脱出来呢？唯有放弃虚妄、贪图，回归自我的真实面目，能够以真心待人，才能不骗人，也不为人所骗。

生涯规划

　　"生涯规划"，这是现代社会、现代人生的一个现代新理念。

　　现代人，有的人在金钱上规划自己一生的开支；有的人在感情上规划自己一生的成亲、子女，不但对于何时成家立业，甚至所谓"传宗接代"，也都有了长远的规划。

　　有的人，不但为自己的生涯作规划，甚至对祖先的纪念、对儿孙的未来、对社会的道义，也都做好了自己奉献的规划。当然，也有一些普通的人民，一个月的工资，他只能规划一个月的生活；有的人拿着一天的薪水，只能规划这一天的用度。

　　有的人，除了规划一日三餐，别无余力规划其他；有的人，只能规划自己的存在，没有力量再去规划别人。因此看起来，在世间做人，能有一个完整的人生规划，实在是不容易。

　　孔子的"三十而立；四十而不惑；五十而知天命；六十而耳顺；七十而从心所欲不逾矩"，这就是人生的规划。

世界四大文明古国之一的印度，他们把人生规划为：

二十岁是自学的人生；四十岁是服务的人生；

六十岁是教学的人生；八十岁是云游的人生。

也有的人把人生规划为：三十岁是文学的人生；五十岁是哲学的人生；七十岁是历史的人生。现代社会上的人，则把自己规划为士、农、工、商，各自在自己的领域中发挥所长。

甚至佛教主张的"悲智双运"、"福慧双修"、"行解并重"、"慈悲喜舍"等，也都是生涯规划的依据。例如：口才好的人，可以从事教化工作；擅长文字的人，可以从事文化传播；思想缜密的人，可以从事学术研究；富有慈悲心的人，可以从事社会公益等等。

其实，真正的人生规划是不确定的，各有因缘，有时候实在由不得自己做主。所以，最好的生涯规划是把自己规划成：自觉的人生、自度的人生、利他的人生；在生活中，要有净化的感情，要有善用的金钱，要有德化的处世。能够把"移风易俗"作为自己人生规划的前提，让自己的生命活得有意义、活得有价值，这就是最好的生涯规划。

懒惰之害

　　有一个寓言说：有一家人都很懒惰，每日的家事爸爸不做就叫妈妈做；妈妈也懒惰不做，就叫儿女做；儿女也不肯做，就叫小狗做。小狗没有办法，只好用尾巴扫地，用身体抹桌椅，甚至用嘴衔水管来浇花草。有一天，来了一个客人，见到小狗在做家事，很讶异："喔！小狗这么能干，还会做家事呀！"小狗说："没有办法，他们都不做，只有叫我做！"客人一听，大吃一惊："小狗也会说话！"小狗赶快对客人示意："嘘！不要让他们知道我会说话，否则他们还会要我接电话呢！"

　　一个人，天生两只手，就是要做事；生来一双脚，就是要走路；甚至眼睛要看、耳朵要听、嘴巴要讲话，天赋于我们的本能，如果不用，人不是成为废物了吗？

　　西谚有云："黄金随潮水流来，也要你早起去捞起它。"中国人一向相信财神爷可以送财富；但是财神送财来，也要你礼貌性地去接受，如果你懒惰避开他，也不能发财。甚至围在颈项上的大饼，你吃完了前面的部分，如果连转动一下都懒得去动，那么饿死也是活该。

其实，人，多数是不懒惰的，你看！天生用眼睛来看世间万物，但是觉得不够，因此发明显微镜、望远镜，希望看得更高、看得更真；天生耳朵要来听声音，人们又发明了扩音机、广播机、电视机，希望听得更远、更大声；天生双脚应该用来走路，人们又发明脚踏车、机车、汽车等，希望能与时空竞赛。

世间，懒惰与贫穷是难兄难弟。因为懒惰，所以贫穷；因为贫穷，因此容易懒惰，这是互为因果。所以，我们要想改变命运、改变贫穷，必须舍弃懒惰，要能勤劳精进。

读书的人，要口到、眼到、手到、心到；有"四到"的人才会读书。修行的人，身要礼拜、口要称念、心要观想；能够"三业"接触佛心的人，才能蒙佛庇佑。

所谓"春天不下种，何望秋来收？"不播种，如何有收成？不劳动，如何有成就？一个懒惰懈怠的人，即使才华过人，永远也用不到自己的长处；如此辜负"天生我才"，岂不可惜复可悲乎？

无常的可贵

世界上各个宗教皆有其教义主张，"无常"是佛教的真理之一，然而一般人因为不解无常的真义，因而心生排拒，甚至感到害怕。

其实无常很好，因为无常，才有希望；因为无常，才有未来。所谓"无常苦空，无常乐有"，假如世间一切都是定型的，没有变化，没有生灭，老的永远都是老的，小的永远都是小的，不知道你感受如何？所以无常变化就很可贵。

当然，无常可以变好，无常也可以变坏，但是变好变坏，都是有原因的。

无常，让人会珍惜生命；无常，让人会珍惜拥有；无常，让人会珍惜因缘；无常，让人会珍惜关系。

看到一朵鲜花衰残凋谢，兴起了无常的感受；看到一粒种子展现生命力，茁壮成长，不禁感受到无常的可贵。

愚痴，因为勤读而能变成聪明；贫穷，因为奋斗而能增加财富，这都是无常的可贵之处。

上古时代，帝王专制，人民毫无自由，假如不是无常，而是一成不变，哪里有今日的民主政治？过去石器时代，民智未开，人民茹毛饮血，如果不是无常，而是一成不变，现在不是仍然停留在文化未启的蛮荒时代吗？

因为无常，因此有钱有势的人也不必太过得意，因为世事无常，财富为五家所共有，名位更是朝夕万变，甚至身体健康也都是生灭无常，如少水鱼，不值得太过贪执，反而要以无常为戒，应该做的事，要及早成办。

无常是宇宙中最自然不过的现象，因此古来多少文人雅士莫不为文作赋感悟无常。例如诵读《瑜珈焰口》中的"将军战马今何在，野草闲花满地愁"，不禁令人生起了无常之感；朗诵荆轲的"风萧萧兮易水寒，壮士一去兮不复还"，不禁令人生起悲壮牺牲的雄心。

无常苦空虽为人生实相，但在无常之中我们皆有一颗不变的真心，若能证悟真理，超越无常，则能在无常之中找出自己的出路，是时任性逍遥，心安理得，岂不快哉！

散播快乐

"我们要把欢喜快乐散播在人间！"多么美好而有意义的宣言呀！

社会上，多少人每天忙于修桥补路，为了给人方便，这是散播欢喜快乐在人间；多少人无私地恤寡济贫，为了给人帮助，这是散播欢喜快乐在人间。有的人平凡本分，诚诚恳恳地勤劳作务；有的人胸怀大志，积极奋发地服务奉献，他们都是为了把欢喜快乐散播在人间。我们的社会，就是靠着这许多人带给我们温暖，作为我们的榜样。

甚至植物中，一粒种子播撒在土地里，它也会开花结果；人际上，一句好话散播在人间，便能带给许多人欢喜，增添人间的美好。

观世音菩萨，他把大慈大悲散播在人间；地藏王菩萨，他以救苦救难的愿心深入地狱。孔子游学各国，他散播了教育的种子；佛陀行脚五印，他传播了佛法的智慧。所谓"前人种树，后人乘凉"；我们不就是因为这许多过往的先贤大德、仁人志士，他们散播的欢喜幸福，我们才能身受庇荫，享受美好的人生吗？前人成就了我们，我们对于后来的人，又该以什么来遗留给他们呢？

我们要把好话留在人间！我们要把好事留在人间！

我们要把德行留在人间！我们要把功绩留在人间！

希望我们的社会，上焉者能把文化、道德、善美，化为欢喜幸福的种子，散播在人间；一般平凡大众，能把心意、劳力、技艺，化为欢喜幸福的种子，留传给我们的后来者。

希望我们的社会大众：

热心教育的人，可以布施教化；

喜欢慈善的人，可以播撒慈悲；

乐意喜舍的人，可以将利益分享大众；

爱好劳动的人，可以献心献力，帮助大家。

所谓"天生我材必有用"，我不能损伤到大地众生，不能做一个破坏者、分离者，我要把欢喜快乐布满人间，这是人道，也是责任。

你看！一朵小花，它也懂得要把芬芳散布在空气里；一只鸟儿，它也知道要以歌声来愉悦人间。佐料加在菜肴里，就会美味可口；机械给它加油，就能发动运转。身为万物之灵的人类，怎能不把欢喜快乐散布在人间呢？

往好处想

人，是一个有思想的动物！古往今来，有的人在幻想，有的人在妄想，有的人在梦想，更有很多人有理想。

斗室之中，卧榻之上，本来无事，但人可以想出很多的事情来，所谓家事、国事、天下事，都在"想"的念头之中。

佛经说，人是五蕴（我的代名词）和合而成。五蕴就是色、受、想、行、识；"想"是"我"的五个部分之一，"色"蕴和"识"蕴就是我们的身心，有了身心就有受。"受"有苦受、乐受、不苦不乐受；"想"也是有善想、恶想、无记想。一般人想自己，多往好处想；想别人，都是往坏处想。

人的想，想到自己，即使不好，也都可以原谅；想到别人，即使很好，也不能随便放过。人对自己是宽大的，对别人是苛刻的，假如人能把责备别人的，拿来责备自己；宽谅自己的，用来宽谅别人。凡事"往好处想"，这样的人生，多么美好啊！

经云："三界唯心，万法唯识。"我们每日的生活，都在颠倒妄想之中，没有的事情，他也能想入非非。虽然，人不能没有思想，但是思想要净化。一湖水，需要净化，才能供人饮用；思想的流水净化以后，于人于己才都有益处。

所谓"圣贤的思想"，都是以天下为己任；所谓"恶人的思想"，都是想要如何占人的便宜。普天之下，多少人想给人方便，舍己为人；多少人处心积虑，找人麻烦。"想"，真是一念是天堂；一念是地狱。

"想"，有时候想"我"，有时候想"你"，有时候想"他"；你、我、他都在"想"中纠缠不清。有时想佛国净土，有时想人间是非，如果把抽象的"想"都积聚起来，恐怕三千大千世界都容纳不下这许多的烦恼妄想。

自古以来，思想问题成为人间的一个大问题，有的人认为有思想的学者专家受人尊敬，但也有思想犯送往断头台。不过，还是有不少人一再提倡思想自由；"想"，应该是自由的，只是我们应该为自我的思想做出一个良好的引导。能够想好的、想真的、想善的、想美的；凡事"往好处想"的人，才是一个有思想的智慧人。

人生滋味

谈到人生的滋味，一般人都能懂得，人生的滋味是"酸甜苦辣"。

有人说，人生有三味：青少年的人生是甜蜜的滋味；中壮年的人生是酸辣的滋味；老年人的人生是苦涩的滋味。

其实不尽然也！青少年也有许多人的岁月是不幸的。例如孤儿院的孩子、失学的儿童、街头流浪的青少年，他们不但没有感受到人生的滋味是甜美的，而且在幼苗时就饱受着风霜雨雪的摧残。

中壮年正是奋斗创业的阶段，虽然有着辛苦的酸辣滋味，但是也会有甘甜的美味。正如有的人故意在调味品中放了酸醋，甚至吃辣，越辣越有味，可见酸辣的滋味也是中壮年人生的需求。

老年人的苦涩滋味，大都是因为他的人生一事无成，尤其过去从来没有广结善缘，到了老年的时候，岁月里的光华彩色不再，他当然会感到人生是苦涩的。但是也有多少的老年人，他一生的成就可以走进历史，为人所歌颂；有的人善德美名，走进社会群众，为人所崇敬；也有的人与世无争，退隐山林，但仍为人所羡慕，这许多功成名就的老人，人生也不完全是苦涩的。

过去常有人感叹"少壮不努力，老大徒伤悲"；现在我们要呼吁"少壮要努力，老大多欢乐"。人生的滋味，虽然百味俱陈；然而就如厨房里善于烹调的厨师，当需要咸的时候则咸，当需要淡的时候则淡，酸甜苦辣，只要能适合个人的口味，又有什么不好呢？

我们不要怨叹人生的滋味酸甜苦辣，我们的人生只要能为大众所欣赏，能让大众所肯定，即使酸甜苦辣，也不是不好！主要的是，我们要把人生真正的滋味：幸福的滋味、和谐的滋味、善美的滋味，乃至其他不管什么滋味，只要他人欢喜，我们都应该无私地奉献。我们要把人生最美好的滋味供养大众，并且以人生的滋味来庄严自己的人生。

闻过则喜

"人非圣贤，孰能无过！"自古以来，仁慈的君主皆肯"下诏罪己"，自谦的重臣都有"过失一肩挑"的勇气。子路"闻过则喜"，大禹"闻过则拜"，因为"闻过认错"，毕竟是美德。

现在社会上的一般人士，尤其是青少年，有一个最大的缺点，就是不肯闻过、不肯认错。有时候就算你对他是善意的忠告，他也刻意地解释自己的立场，他会过分地掩饰己非，不肯承认过失。如此诿过，不肯接受"逆耳忠言"，难道就能有所成就，就能有所进步吗？

美国总统克林顿的绯闻举世哗然，但由于他肯认错，他能勇敢地向全国民众道歉，终能消除漫天的风雨，还给他一个晴朗的天空。日本的领导人物，有时候因为政敌的攻讦，黯然下台，但只要他能认错，社会的舆论即刻会对他有另外的公评。甚至广大的群众中，儿女不肯认错，父母也不肯认错；部下不肯认错，长官也不肯认错；朋友之间，彼此都不肯认错。

"闻过认错"要有勇气,因为一般人认为过失是耻辱的,认错是莫大的羞耻;但是真正说来,儒家说:"知耻近乎勇",真正的知道羞耻,那就是一个勇士。《成佛之道》说:"耻有所不知,耻有所不能,耻有所不净。"能够知耻认错,才会"缘耻发菩提,迈向成佛道"。

你看!历史上,越王勾践"卧薪尝胆",终能雪耻复国;孙中山先生不以革命多次失败而气馁,终能推翻清朝,建立民国。

李陵《答苏武书》说:"范蠡不殉会稽之耻,曹沫不死三败之辱,卒复勾践之雠,报鲁国之羞。"《论语》也说:"过则勿惮改";只要我们能"闻过则喜",就会改过必成,诚信然也!

化敌为友

我们在社会上，有朋友，也有敌人。敌人不一定是战场上两军对阵，杀得你死我活，才叫敌人；商场有商场的敌人，同行有同行的冤家，利益有利益里的对手，正是所谓"同行相嫉，文人相轻"。

敌人，不是以消灭它为最高手段。在战场上，最高的战术是"不战而屈人之兵"，是为上策；甚至对于凶狠顽强的敌人，能用感化，只要对方认错，也就不必再置他于死地了。

三国时代，张飞"义释严颜"，这种"化敌为友"的事迹，成为历史佳话；诸葛亮"七擒孟获"，一次又一次地释放他，为的是要"化敌为友"；齐桓公把敌对的管仲待如上宾，故能九合诸侯，一匡天下。

能干的人，对于敌人不但不消灭他，反而培养他，成为激励自己上进、成长的对手。培根说："没有情人，会很寂寞；没有敌人，也是寂寞的。"此言诚不虚也。

人所以会成为敌人，有多种的原因：有的是家仇国恨；有的是利益冲突；有的是思想理念不同；有的是因故气愤不平。甚至朋友之间，有时误会也会反目成仇；或是对方伤了自己的尊严，或因受他欺侮，也会发誓与之为敌。

基督教说："爱你的仇敌"；佛教说："怨亲平等"。其实，人生最大的敌人是自己；病痛是自己的敌人，烦恼是自己的敌人。疾病虽是敌人，也要治疗它，甚至"与病为友"；烦恼虽是敌人，也要面对它，更要"转烦恼为菩提"。

敌人可以提醒我们要自己谨慎、预防、精进；没有敌人，就会松懈。古代很多武功高强的侠客，都遗憾自己没有对手。甚至篮球场上，两队竞技，也必须感谢竞赛的对方；如果没有对方，球赛就不能开打。拳击赛开始，选手要互相鞠躬致意，胜败分晓后，还要握手言和。美国总统大选揭晓，当选者第一件事就是要致电感谢落选的一方。所以，敌友只是政见不同，并不一定要你死我活。

外交上有一句话说："国家间没有永久的朋友，也没有永久的敌人。"人与人之间，有时候朋友可以成为敌人，有时候敌人也会成为朋友，就看我们对人的态度、看法如何。

然而，朋友可以是永久的朋友，敌人不要让他成为永久的敌人。凡是能"化敌为友"的人，必是社会上的能者。

走出阴影

　　一条黑漆漆的通路，深更半夜行走其间，四周和前后好像都不时地闪现出一股不寻常的气氛和一些怪异的声音；这时好不容易见到一线光明，回想那一段阴暗的道路，不禁还在胆颤心惊。

　　历经战场死伤累累的悲惨景象；回忆曾经遭匪徒绑架拷打的情形，都是人生历程中难以消退的阴影。善良的妇女被色狼强暴，幼小的孩童受坏人过度恐吓，都是生命中难以挥去的阴影。

　　台风过后，山洪暴发，风雨交加，难以挥去深夜风灾的阴影；地震山崩地陷，房屋倒塌，家人顷刻之间天人永隔，悲苦惨痛的阴影，难以从心灵中抹去。

　　要如何才能走出阴影呢？正如前述所说，走夜路的人要赶快遇到一盏明灯，有了光明，才能消除阴影。指引人生的光明是什么呢？

　　第一，是信仰的力量：当人生陷入阴影之中，何去何从？茫茫然，觉得失去了方向，这时需要靠信仰的明灯来指引。如果能够走进佛法僧三宝的信仰领域，就会知道，世界上的一切，其实都有前因后果，凡事不可以钻牛角尖。因此，即使房屋倒塌了，财产损失了，甚至家人生命牺牲了，只要自己的信心不倒，未来必定就有无限的希望。

　　第二，是智慧的光明：智慧就是要我们明理；世间本来就是"国土危脆，四大苦空"。能够知道宇宙森罗万象，无一不是在"无常"之中，谁无父母？谁无儿女？但无常到来，就如同"夫妻本是同林鸟，大限来时各自飞"，只有用智慧来看破、放下，用智慧来认知无常苦空、明白缘生缘灭；能以智慧的明灯照破阴影，才能勇敢向前。

　　第三，是观念的重整：一次天灾人祸，宛如历经一次死去活来，忽然感觉人生好像是一场虚幻不实的梦境，是一个破碎不堪的物品。这时必须靠自己鼓起勇气，把破碎的人生或破碎的家园，再度重建起来。甚至要想：坏的不去，好的不来；无常虽有破坏的一面，但也有成功希望的一刻。如果不能建立这种新观念，就不会有再起的新生命。

　　第四，是精神的武装：要走出阴影，必须要有心理的建设；心理建设必须靠精神的武装。前面所提的信仰、智慧、观念，都可以作为自己的精神武装；只要武装精良，何愁不能走出阴影，何愁不能建设全新的人生呢？

　　总之，世间的阴影容易通过，心中的阴影要靠自己抹拭；只要自己能"时时勤拂拭"，又何惧它"处处惹尘埃"呢？

去则路开

谚语说："路是人走出来的！"神话里的盘古氏可以开天辟地，人怎么不能开路呢？

在我国台湾地区名闻遐迩的苏花公路、中横公路、南横公路等，在我国荣民的穿山凿石下，不是成为举世叹服的通畅大道了吗？

近年来大陆地区的经济所以能够迅速成长，主要由于他们懂得开发交通，大量开拓道路。

交通，如同人体的血管，血管通畅，身体自然健康；道路通畅，经济自然发展，文明的建树当然就会一日千里。

孙中山先生成功缔造民国之后，他无意于担任民国大总统，他想做一个铁道部的部长；伟哉孙中山，他懂得中国要达到富强之境，必须从交通着手，除此不为途也！

大地上的道路，要有人去开辟，甚至有人说："口边就是路"。其实有形的道路之外，人应该在心中建设更多的道路。现在社会上很多有办法的人，都是因为有"政商之路"；很多的民意代表、传播媒体，也都希望建立他们的"言路"，甚至现在最时髦的"网际网络"，更是成为新世代的新宠儿。

路，有羊肠小径，有崎岖难行之路，有坎坷不平之路，有曲曲折折之路，有平坦宽广的道路；不管陆路、海路、空路，都要有人去开辟。所谓"条条大道通长安"，在人生旅途上，不管什么艰难险峻的人事，只要有心开路，就不怕不能通行。

每个人的人生都有两条路，一条是善美的天堂之路；一条是丑恶的地狱之路。开路需要有工具，我们要开发心中的路，依佛经说：人天的道路有三个条件，一是喜舍，二是持戒，三是禅定；地狱的道路，也有三个原因，一是贪欲，二是瞋恨，三是邪见。我们是要走天堂之路呢？还是要走地狱之路呢？

人们之间有路，历史留下的，就是历史的道路；理想，更是一条人生的康庄大道。

人要修桥补路；我们是否想过：自己留下多少方便的路给人行走呢？还是反而断人的路、挡人的路呢？例如篡改历史、不承认历史，甚至斩断历史因缘等，那就无异是自毁前途、自绝生路，势必走上穷途末路；反之，如果我们懂得广结善缘，培植福德因缘，自然敲门处处有人应，人生还怕没有光明的前途吗？

永不退休

　　人生在世生活，不管服务公职，或是私人企业，都有退休的制度；因为人的一生，数十年岁月，每天都在工作中，到了晚年，应该给予休息，所谓"颐养天年"，这是名正言顺的事。

　　现在一些发达的国家，每个人有了职业，都乐于缴税，为的是将来退休后可以领取养老金生活。

　　在中国也是一直都有"积谷防饥"、"养儿防老"的观念，这也是为了解决退休后的养老问题。

　　现在一般国家，有的定六十岁退休，或者六十五岁退休，甚至七十岁退休。所谓"长江后浪推前浪"，人生应该要有交棒、接棒的计划，即使是在佛教里所谓的"传灯"，也都是为了应付岁月变迁的对策。

　　一般人对于退休后的人生，有的人会感觉好像忽然失去了一切，面对空荡的生活，寂寞的人生，百无聊赖，无所事事；这样的退休，好像等死一样，人生失去了价值，生命好像没有了光辉，所以就有人喊出"退而不休"的口号。

其实，"天行健，君子以自强不息。"在大自然之中，四季轮流递嬗，行星运转不息，我们身为大自然里的一份子，也应该要有"做一日和尚，撞一日钟"的体认；因为人生的意义在于创造宇宙继起的生命。因此，人生一日，决不空过，信有然也！

"朝露虽易逝，但它润泽了大地；冬阳虽短暂，然而能消融冰霜。"古圣先贤行愿精进，不肯轻易虚掷光阴，往往坚持到最后一刹那，例如道安大师在大座说法中立化，慧远大师在声声佛号中西归，玄奘大师在振笔译经时圆寂，佛印禅师在接引信徒时坐灭；做人，要有"永不退休"的观念，因为生命的春天欣欣向荣，无有止尽，哪有什么要退休的呢？

因此，所谓退休，只是调换一个岗位工作而已。你看！少年读书，青年创业，老人传承经验，我们退而不休，也一样可以发挥生命的光和热。

中国的孔子、西方的耶稣、印度的释迦牟尼佛，他们到今天都有两千年以上的生命历史，在人们的心中，他们至今都还没有退休呢。

所谓"春蚕到死丝方尽，蜡炬成灰泪始干"，我们要歌颂伟大的人生，人生是永远不退休的啊！

克服恐惧

恐惧心理，人皆有之。当金钱物质受到损失的时候，就会心生恐惧；如果身体受到伤害，甚至生命面临危险的时候，更是恐惧。"落水要命，上岸要钱"，只是恐惧心理的轻重而已。

有的人害怕虎狼狮豹，有的人恐惧妖魔鬼怪；有的人害怕个人独处，有的人恐惧四周黑暗。总之，人生在世，不时地会感受到恐惧的威胁。

儿童恐惧父母打骂，女性害怕男性移情别恋；经商的人担心血本无归，从政的人畏惧舆论制裁。学生畏惧考试，军人畏惧战争；也有的人畏惧交通事故，有的人畏惧抢匪暴徒。甚至有的人上畏天理，下惧人情，以及因果业报，更是应该要畏惧呀！

所谓"天灾人祸，人人畏惧！"台风、刀兵、水火、地震，甚至一道闪电、一阵雷声，天灾人人畏惧；所谓人祸，毁谤、造谣、是非、破坏，谁人不惧？

有的人担心生活的艰难，也有的人挂念老病的衰残；儿童有儿童的恐惧，老人有老人的不安。平时在外权势显赫的政客，回到家里也害怕"狮子一吼"；平日表现神气活现的英雄，无常来时也是"只怕病来磨"！

人有惧怕的心理也不是完全不好，畏天理、惧因果，才不会为非作歹；时时生怕愧对于人，处处唯恐俯怍于心，如此就能光明磊落地做人。

《般若心经》告诉我们：要远离恐怖，必须强化智慧；对一切虚幻的假象，要能透彻认识，对一切外来的逆境，要有勇气担当。

《普门品》也说，对于性情怯懦的众生，不妨多称念观世音菩萨的名号，因为观世音菩萨又名"施无畏"。因此，只要我们称念菩萨的名号，接受菩萨布施的"无畏"，则人生又何来恐惧之有呢？

人生是过客

　　有人说，人是宇宙的主宰；但也有人认为，人是宇宙的过客。

　　法院里的法官出庭审案，称为"过堂"；佛教中的僧侣到斋堂用餐，也叫"过堂"。所谓"过堂"，就是不能久居，不能久留，只是一时的过堂而已。就如人到世界上来，从生到死，数十年岁月寒暑，也只是经过而已；通过了生老病死的过程，空空而来，又空空而去，所以说人是宇宙的过客，一点也不错！

　　宇宙是人生的逆旅，人生是宇宙的过客；在过客的人生里，有的人为宇宙留下很多的纪录，例如忠臣孝子、英雄游侠、奸刁恶棍、混世魔王等。他们有的为宇宙留下彩色，有的为人间留下恶名；有的把世界彩绘成天堂，有的把社会渲染成地狱。

　　从历史上看，历代的帝王重臣、学者专家、贪官污吏、江洋盗匪等，他们的所作所为，其实已经明显地展现出他们作品的优劣了。

人生因为只是世间的过客，当然有人想留下历史：有的人留下人间的情义，有的人留下人间的光辉；但也有的人无声无息地来，也无声无息地去，来也不知为什么而来？去也不知为什么而去？就如大饭店里，每天都有人来人往，难道他们一定都有目标吗？

然而，虽然人生只是宇宙的过客，但是只要能掌握时间的人，就能拥有人生；会善用时间的人，就能懂得处理生命。

遗憾的是，同样是过客的人生，有的人懂得珍惜生命，因此感叹人生苦短；有的人任意挥霍生命，因此埋怨人生苦长。其实，若能真正认识生命，必能了悟人生苦多；唯有自我主宰生命，才能不惧人生苦空。

对于过客的人生，有的人活得很认真，有的人活得很随缘，例如无门禅师说："春有百花秋有月，夏有凉风冬有雪；若无闲事挂心头，便是人间好时节。"不管你春去秋来，不管你生老病死，总之，过客的人生，匆匆地来，也匆匆地去；在匆匆的生命中，我们应该自问的是：我们能为人间留下一些超越匆匆的纪念吗？

所谓智慧，
是清楚自己的一言一行；
所谓慈悲，
是关照别人的一举一动。

难得糊涂，
是解决烦恼的最好办法；
大智若愚，
是安顿身心的最佳妙方。

无情说法

　　大地山河的森罗万象，可以把它分为两类：一是有情类；二是无情类。"有情"是指有生命的人、禽兽、动物等；"无情"是指山河大地和有生机的树木花草等。

　　有情说法，我们都听得懂他的声音；无情说法，其实更是美妙好听。"生公说法，顽石点头"，这不一定要把它看成是"生公说法"，也可以说它是"顽石在说法"；顽石如果不会说法，怎么会点头呢？

　　天空的白云飘飘，江海的流水滔滔；这不是白云在以它的舒卷自如、流水在以它的随缘任性，对我们诉说它们的逍遥自在吗？

　　你看！春去秋来，岁月如梭；花开花谢，时光荏苒，这不也是大自然透过时序的更迭，在向我们诉说"世事无常"的真理吗？

　　有情说法可以用耳朵来听；无情说法必须用心去领会。

其实在我们的生活里，无情万物无一不是在跟我们说法：春花秋月固然让人赏心悦目；鸟叫虫鸣一样令人感动于心。赵州"茶"，是赵州禅师用"茶"在说法；云门"饼"，是云门禅师用"饼"在说法。晨钟暮鼓、铛铪鱼磬，哪一样不是在对我们启示、说法呢？

地动山摇，这是大地在跟我们说法，告诉我们"国土危脆"；百花萎谢，这是自然在对我们说法，表示"诸法无常"。枪炮刀剑，这是表示"生命苦空"；老病残疾，这是说明"身为苦本"。我们的周遭，我们的每日生活里，衣食住行、行住坐卧、成住坏空、生住异灭，哪一样不是无情的世界在对我们现身说法呢？

禅师竖起了拂尘说："你懂吗？"如果你懂得拂尘竖起来的意义，那就是开悟了！禅师指着庭外的柏树子说："你会么？"如果你会得的话，当下就是一位禅者了！可惜，空谷回声、天籁和鸣，不容易懂得呀！

"饿来吃饭，困来眠！"这就是生活的说法；"布施无相，度生无我"，这更是上乘的说法。假如我们除了"听"懂有情的说法之外，还能"会"得无情的说法，那就大事都解决了！聪明的人儿，你还能不"去迷开悟"吗？

月亮的启示

　　有一个小偷，想潜入一户富有人家的家中行窃，带着自己的小儿子见习。小偷对儿子说："你在门外帮我把风，看到有人来了，就通知我。"小偷于是大显身手，正当他准备下手的时候，儿子忽然在门外大叫："爸爸，有人看到我们了！"小偷一听，带着儿子落荒而逃。奔跑了很远的一段路，停下来喘息，问儿子道："刚才谁在看我们呀？"儿子说："爸爸，是月亮在看我们！"

　　这则笑话旨在说明，没有人知道我们做坏事，难道天不知、地不知吗？难道因果和诸佛菩萨不知道吗？所谓君子"十目所视，十手所指"，诚信然也！

　　月亮，自古以来就为善人、好人、情人、诗人所喜爱。一轮明月挂高空，引来多少文人雅士对月吟唱，所谓"对酒当歌，人生几何？"在人生苦短的感叹中，似乎也隐藏着几许壮志未酬的愁绪悲怀！正如古来多少的民众，往往有冤无处申，有苦无处诉，只有举头问明月，不禁黯然！

其实，月亮象征着光明、圆满。一些热恋中的情侣们，两情相悦，对月盟誓，希望月下老人作为彼此的见证；然而世事无常，月下老人又何能做主呢？

谚云："月儿弯弯照九州，几家欢乐几家愁？"月亮有阴晴圆缺的时候，人生也有悲欢离合的际遇；从月圆月缺中，道尽了世事的沧桑，人生的无奈！

诗曰："古人不见今时月，今月曾经照古人。"月亮亘古如斯，古人照过的月亮，现在依然无私地照亮了我们，只是古月犹在，时人已逝！现在我们所见到的月亮，将来仍会继续辉耀来者，但是将来的月亮，又何能照耀我们呢？时序的轮替，人事的无常，难怪诗人要寄月感怀了！

或谓："月到中秋分外明，人生能度几中秋？"月亮缺了，又有再圆的时候；月亮暗了，又有再明的时候。可是，我们的人生去了，什么时候再来呢？

古德说："月圆月缺犹存月，本来无暗复何明？"月亮在我们看来，虽有月圆月缺，月明月暗，其实这是星球运转，以及月亮受到乌云障蔽使然，对月亮本身而言，并无圆缺明暗，它自始至终，都是明亮如故。

因此，我们若能心如日月，尽管月圆月缺，月明月暗，但是月亮常在，这是无庸置疑的事实！只要我们心中有日月，所谓"太阳挂高空，明月照心灵；我心有日月，何惧无光明？"

同床异梦

"同床异梦",这是形容一对夫妻各怀鬼胎、各有想法,形体虽然在一起,但精神上早已经各自离异了。

其实,"同床异梦"的意义,也不只是指夫妻的"貌合神离";举凡一个团体里,同在一个屋檐下的人,各自有不同的想法,各自内心里暗潮汹涌,这不都是"同床异梦"吗?

商场上的合伙人,机关里的各科室同事,家庭中的老中青眷属,你认为我待你不公,他认为我做事不当,许多分崩离析的人情,就是"同床异梦"。意思是说,你防备我,我防备你;你算计我,我算计你,此即"同床异梦"之谓也。

古往今来,"同床异梦"的夫妻、人事,比比皆是。即以清末的慈禧太后来讲,他和咸丰皇帝的婚姻,不就是"同床异梦"?光绪皇帝和他奉命成婚的皇后叶赫那拉氏,他们不也是"同床异梦"?蒋介石、汪精卫、胡汉民,不也都是"同床异梦"吗?由于大家互相猜疑,各有主张,国家焉有不乱之理?

"同床异梦"是因为理念不同、思想不一，各有各的打算，各有各的计谋。一个家庭不和，都会被人所欺；一个机关的主管、一个国家的重臣，彼此都在"同床异梦"，不失败者几希！

台湾的陈水扁和吕秀莲，他们的唱和之间，好像都是"同床异梦"的变调；国民党、新党、亲民党，他们连"同床异梦"的条件都不够。所谓"本是同根生，相煎何太急！"现在如果想要消除"同床异梦"，我们必须做到：

第一，要能彼此开诚布公，讲清楚，说明白。

第二，要能识得大体，同舟共济，彼此尊重包容。

第三，要能"同中存异，异中求同"，互相尊重异己的存在。

所谓"相聚即是有缘"；人，既然已在人间同为"同体人生"，何必还要再做不同的春秋大梦呢？为什么不能同心同德，共同来创造幸福的人生呢？若能如此，岂不美哉！

万能的人类

　　人是万物之灵，也是万能的动物。例如：双手万能，双脚走遍天下；眼睛能观四面，耳朵能听八方；头脑和心灵更是万能，上天下地，匪夷所思。所以，基本上说来，倒不一定要认为上帝是万能；人，才是万能的！

　　当然！人是万能的，但也有的人是无能的！例如说到读书人，有人说"百无一用是书生"；做皇帝的，也有人说他"庸懦无能"；更有人长年时运不济，因而慨叹自己"一事无成"。

　　有的人不能为国家尽国民的责任；有的人不能为社会尽服务的责任；有的人不能为家庭尽孝养的责任；有的人不能为朋友尽提携的责任；有的人肩不能挑担，手不能提篮，因其无能，也给人万分惋惜！

　　其实，只要是人，都是万能的！

　　有一个笑话说：有一个酒鬼，深夜经过一处坟场，不小心掉进一个隔天即将葬人的坑洞。任凭酒鬼怎么使力，就是爬不上去，只好蹲坐一旁，等待天明。这时来了另一个酒鬼，一脚踩空，也掉了下来，他也是使尽本领，想要爬出洞穴，无奈却是一次又一次的失败。前面的酒鬼看了不忍心，随口说道："老兄呀！上不去的，别再白费力气了！"没想到这冷不防的声音，不但把后面的酒鬼吓得醉意全消，而且就靠着这一吓，竟然爬出了洞。

这个笑话主要是说明，人都有无限的潜能，就看你懂不懂得去开发它；就看你愿不愿意做个万能的人。

你看！一个有用的人，能早能晚、能冷能热、能饱能饿、能大能小、能前能后、能多能少、能有能无、能贫能富、能荣能辱、能忙能闲；有用的人，都是无所不能，所以人应该自信自己是万能的人类。甚至，与其说上帝能创造人类；不如说万能的人类可以创造上帝。

世间，凡是能干的人，遇事都能够"四两拨千斤"，大事化小事，小事变无事。凡是能干的人，做事都能"化繁就简"、都能"化私为公"；甚至"化腐朽为神奇"，能够变不能为可能，能够发明很多的科技文明，能够创造思想学说，能够成功立业，能够救世救人等。

所谓"人定胜天"，因为人有无限的能量，所以我们要好自珍惜，因为我们是万能的人类啊！

心灵的门窗

　　心灵的门窗，有时候要关闭，有时候要开放；有形的门窗，也是有时候要关闭，有时候要开放。当宵小坏人在门外徘徊，当空气污秽不净时，你要把门窗紧紧地关闭；当你要去上班，或者要外出购物，或是朋友来访时，如果公司、商店、家中的门窗不打开，则社会和家庭怎么能通达无碍呢？

　　有的人不会守护根门，任由外境嘈杂的声音，不断地从门窗缝隙里传进来，例如不当的人言、不当的是非，它们像细菌一样"登堂入室"，威胁到全家生活的安宁；又如风沙秽气不断地从门窗外飘进屋内，就会污染空气，造成居家生活的品质不良，可见得一个人家门窗的开关是多么的重要啊！

　　我们家中的门窗，当不该关闭的时候也不能关闭，例如家中有了喜事，就应该打开门窗，通报亲友；当家中要举行聚会活动，更应该打开门窗，欢迎亲友光临。尤其，"五福临门"时，你能不打开门窗吗？

门窗是家庭对外的信道，心灵的门窗则是自心和宇宙交会的要点。即使有形的门窗紧闭，主人的心灵门窗也一样可以周游世界，但人对隐形的门窗，总不若打开有形的门窗，可以堂堂正正地出去，可以堂堂正正地进来。

平时虽然我们应该紧闭门窗，照顾门里的安全；但更应该注意到门窗的功用。门窗应该关闭的时候紧紧关闭，那就是自我的天堂，就是全家老少的乐园；因为门房之外有风雨，有盗贼，有了门窗，就不怕有危险，就不怕有风雨。遗憾的是，有的人将心灵的门窗紧闭，任何好人好事都无法进来；人不能进来倒也罢了，"道"也不能进来，"理"也不能进来，甚至于正义、友谊，都没有办法进来。这样的门窗，就成了心灵的障碍，而不是信道了。

所以，我们应该打开心灵的门窗，让"戒定慧"该进来的进来；让"贪瞋痴"该出去的出去，如此，岂不得其所哉！

婆媳与母女

在一个家庭中，母女之间的问题比较少，婆媳之间的问题比较多。

有一个趣谈：端午节到了，婆婆叫媳妇包粽子。现代媳妇不会包粽子，但是婆婆的话不能不听。从清晨包到下午，好不容易包好了。当在煮粽子的时候，听到婆婆打电话给他出嫁的女儿，叫女儿赶快回来吃粽子。媳妇听了非常生气，心里不住地嘀咕：我忙得汗流浃背，你都没有关心我的辛苦，现在粽子快煮好了，你却叫你的女儿回来吃粽子。因为心里不平，越想越气，把围裙一甩，换件衣服就想跑回娘家。正要出门的时候，电话铃响了，原来是娘家的妈妈打电话来说："女儿呀！妈妈今天叫你嫂嫂包了粽子，你赶快回来吃粽子喔！"这时媳妇听了一愣，才感觉到，原来天下的母女都是一样的！

家庭中，母女有母女的感情，婆媳有婆媳的关系，你能认清母女与婆媳之间的微妙情谊，一切当就释然了！

母女的关系，是相互身上的一块肉；媳妇终究是从别姓的人家娶过来的，何况把自己最亲爱的儿子完全被她占有，婆媳的关系就已埋下了陷阱、危机。因此，母女也好，婆媳也好，总要把这种相互关系透彻地认清，彼此才好相处。

世间，也有母女关系不和谐的，也有婆媳彼此亲爱胜于母女的。但是，人与人之间的相处之道，一个碗不会有声音，两个碗才会叮当响。前体育部门主任委员赵丽云博士，有一次谈到她和婆婆的相处时，道出了一个秘密：婆媳在一个家庭中生活，要彼此跳探戈。

其实，人我相处，不只是婆媳的关系要跳探戈；母女也要跳探戈，夫妻也要跳探戈，朋友也要跳探戈。世界上任何的人际关系都要学会跳探戈：你进我退，我进你退；如果两个人的脚步同时前进，就会互相踩到对方，如果两个人同时后退，这一支舞也就跳不下去了。所以，人我之间的这一支探戈舞曲，如何才能跳得步伐和谐、舞姿曼妙呢？那就要看彼此之间的默契与艺术了！

得奖

当"得奖"的掌声响起，得奖者的辛苦、用力、奋斗，都有了代价。所谓"十年寒窗无人问，一举成名天下知"，辛勤耕耘之后，收成是必然的结果，也是最甜美的时刻。

得奖代表的是肯定与荣耀。近日社会，举世闻名的诺贝尔奖、麦克阿瑟奖、麦格塞塞奖、奥斯卡金像奖，甚至代表新闻界最高荣誉的普利策奖等，每年的得奖名单揭晓，都是大家所最关心、瞩目的盛事。

目前在我国台湾地区，奖励教师春风化雨的有"师铎奖"；鼓励儿女孝顺父母的有"大孝奖"；表扬社会各界特殊成就的有杰出青年、模范母亲、模范父亲、模范农民、模范劳工、模范军人等奖。演艺界也有金马奖、金钟奖、金曲奖；甚至有艺术奖、音乐奖、优良图书奖、优良食品奖等，奖类之多，可见我们的社会，各行各业都在蓬勃地发展。

颁奖鼓励，自古有之。古代的帝王赐匾、赏赐物品、加官，这都是得奖。现代的奖品则有奖金、奖杯、奖牌、奖章、奖状等；即使一纸奖状，里面所包含的，是得奖者无数的心血与成就。

然而，得奖也不一定是公平的。在同一个领域里，得奖人之外，可能还有更多优秀、伟大，更有成就的人才，只是我们没有去发掘他们；甚至在同时被提名的竞赛者当中，也可能因为评审的鉴赏标准不一，因而有了不同的取舍。所以，一场竞赛之后，我们固然要为得奖者欢喜喝彩，也应该给落选者掌声鼓励，希望他们再接再厉。甚至对于没有被提名的优秀人才，更应该寄予关怀，尤应用心发掘，以期不要有"遗珠之憾"。

目前台湾地区每年都有"好人好事"的表扬，当局常常鼓励民众要提报。其结果是，有的人条件不足，却千方百计地想办法争取提名；有的人条件优越，但是他为了保有自尊，总是隐身尘俗，不慕浮名。因此，我们要想到，得奖人之外，社会上其实还有许多更好、更崇高、更伟大的人，他们散布在社会的各个角落里，默默地奉献。他们不求闻达，不图掌声，这些人其实才是更应该得到大众的奖励。

所谓"有人漏夜赶考上京城，有人夜半辞官归故里"，这就是世间的众生相。然而不管如何，我们应该认识的是，得奖自有得奖的因缘，即使不得奖也不要泄气；只要我们努力培养因缘，一旦因缘际会，合乎得奖的条件，又何愁不能得奖呢？

停听看

　　走到火车平交道的地方，总有一块明显的标志，上面写着"停听看"，让每一个人能够注意安全，不要急着冒险通过平交道。

　　人生本来就如平交道，任何时刻都要"停听看"。

　　每个人在学习的过程中，从小学、中学到大学，每学期都有暑假、寒假，平时还有周六、周日、例假日等，总给你有一个时间，让你"停一停"、"等一等"、"想一想"，你的下一个目标到底是要考哪一个学校，哪一个科系?

　　如果是在一个机关里服务，不管调职、升级、转业等，都会给你有打包的时间、准备的时间、处理的时间；让你停一停、让你等一等、让你看一看、让你听一听。因为，人生的旅途上，每一步的前途都好像是平交道，如果任意向前一步，都会充满了危险。所以，你必需要停一停，待机而发；你必需要听一听，有什么不同的声音；你必需要看一看，前面是红灯，还是绿灯，如此才能确保安全。

人情的往来，需要想一想；事业的发展，也要看一看；即使是身体的健康，更要经常提醒自己提高警觉。

停，就是等。儿女，你要等他长大；事业，你要等它发展。等机会，等因缘；一切都要待机而发，待缘而成，不可莽撞。因为停、等不是不走，只是要等到安全的时候才可以向前。

听，就是对于好坏、善恶的判断，你要听一听；你不听，怎么知道与你有关的声音是好是坏呢？

看，就是注意焦点；如果目标不清，层次不明，没有眼睛的世界是一个怎么样的情形，可想而知！

人的生活，要午休，要晚睡；机器也要停下来给它保养。"停"之外，还要"听"：听钟声起床，听报告裁决；声音从前后左右而来，你要兼听，才能明白。

停，才有预备再出发的力量。

听，才知道世间人情的反应。

看，才清楚前途的何去何从。

平交道因为有一列巨大的火车，从半途忽然而过；这使我们联想到，人生的平交道，也有很多不可抗拒的力量从旁而来，你能不"停、听、看"吗？"识时务者为俊杰"，你不能与不可抗拒的力量去对抗，所以"退让一步，才能保得百年身"。

采菊东篱下，悠然见南山

辛未重九一亭友石合作 安吉吴藏龛录陶诗

处事，不以聪明为先，
而以尽心为要；
待人，不以利益为急，
而以欢喜为上。

做人要明理，理路通达，
则做事会顺利；
做事要明理，理路明白，
则做人能成功。

万事如意

　　你生活得"如意"吗？人生在世，如果你有名有位、有财有势、有爱有钱、有田有地，但是你生活得不如意，又有什么意义呢？

　　所以，世界上最有价值的东西，就是"如意"。中华如意协会理事长陆炳文先生，将协会会员共有的一百多件"如意"，在澳洲南天寺宝藏馆展出。正当两千年奥林匹克运动大会也在悉尼展开，一个是在较劲体力，一个是展示内心的"如意"，因此此展能在此时于澳洲适逢其会，意义非凡。

　　"如意"起始于何时，虽无文献可考，但是中国自古以来，历朝历代就不断有各种"如意"的产物出现。直到清朝康熙年代之后，皇室以"如意"为帝王公主定情贺喜之物，因此各式各样的"如意"，便在顺应风情之下，出现于世。

　　在佛教里，也是非常重视"如意"，举凡任何重大的法会，或是登坛受戒，或是各种说法开示，戒师大德均手执"如意"，以示庄严。

从造型推想，"如意"最早应该是用来抓痒的。现在市面上到处可见抓痒用的小棒子，叫做"不求人"；人能够到了"不求人"的地步，大概就很"如意"了。如果凡事都要"求人"，凡事都要"靠人"，凡事都要别人帮助，那大概就很难"如意"了。所以出家人披搭的袈裟，左肩上有一个扣环，叫"如意钩"，可以不用钮扣，也不必别人帮忙，而能轻易地把袈裟勾住，所以非常方便如意。

此外，老人的拐杖叫"如意杖"；"如意"在手，有安全、护身的意义，并且还能当指挥棒之用，所以又叫"如意棒"。

"如意"可以送礼。一般送东西给人，大都会计较是大是小；只有送"如意"，不计大小。

"如意"的雕工一般都是非常的精致，各种花纹，各种式样，真是多彩多姿，当然能获得大家的喜爱。尤其，"如意"现在已经不是专属于宗教的圣物、皇室的宝贝，现在已经非常大众化了。甚至现在巡回在世界各地展出，所以已经不只是"万事如意"，可以说是"国际如意"了。

所谓"如意"，是代表"吉祥"，代表"顺心"，所以中国的好话都是祝福人"吉祥如意"、"顺心如意"；甚至祝福人"福禄寿喜"、"四事如意"，能得"如意"，那么人生将是多么的美满呢！

"如意"，人人欲求！不过，"欲得人如我意，必先我如人意"。因为，世界不是我一个人的世界，我称心如意了，别人都不如意，情何以堪！所以，家庭的人事相处，社会的人事往来，大家都能如意，这才是名副其实的"万事如意"了！

瞌睡种种

眼睛以"睡眠"为饮食；适当的睡眠是为了走更远的路，但是过度的睡眠，则是浪费生命。

打瞌睡的经验，人人有之。打瞌睡必然是因为睡眠不足，体力不继。学生读书会打瞌睡，开会的人也会打瞌睡；上班的时候会伏案打瞌睡，驾驶车辆的人处在千钧一发之际，也会打瞌睡。

有的人会打瞌睡，有的人不会打瞌睡。会打瞌睡的人，让你不知道他在打瞌睡；不会打瞌睡的人，睡相百态，煞是有趣。例如：有的人以手支颐，类似美人托腮；有的人头向后仰，如仰天长啸；有的人频频点头，如小鸡啄米；有的人左右晃动，如学子读书。甚至，不会打瞌睡的人，鼾声如雷，扰乱众人，这就是不懂得打瞌睡了。

儒门的孔子不喜欢人打瞌睡，例如弟子宰我在上课的时候竟然打起瞌睡来，并且发出有节奏的鼾声，孔子当众不客气地责备说："朽木不可雕也，粪土之墙不可圬也。"

佛陀也不欢喜弟子打瞌睡，阿那律曾经为了打瞌睡，被佛陀批评说："咄咄汝好睡，螺蛳蚌壳类，一睡一千年，不闻佛名字。"甚至有一次在一场法会中，年老的比丘因为疲倦打瞌睡，而年轻坐在后座的沙弥反而正襟危坐，威仪端庄。佛陀就有感而发的问道："何谓长老？"佛陀告诉大家，所谓长老者，非关年龄；有的人出家三十年，都在睡眠中过去，不如出家三年，都在修行办道，这才叫做长老。

现代的人，生活忙碌，疲劳过度，容易打瞌睡。为了不在公众面前现出打瞌睡的毛病，当瞌睡虫来的时候，有的人涂抹绿油精、万金油，有的人用铅笔撑住桌面，有的人用牙齿咬破舌头，有的人用手指掐住自己的大腿，更有的人干脆站起来。此皆说明，瞌睡难以对付也。

有的人只要集会，他就打瞌睡，只要读书，他就打瞌睡，不但现出懒惰之相，也是一种病态。

佛教教人过修行的生活，要合乎中道，不可过度。例如弹琴，琴弦太紧，容易断；琴弦太松，弹不出声音。所以，凡是工作忙碌的人，及好打瞌睡的人，在忙睡、劳逸之间如何游走，就看各自用心了。

云何应住

　　无壳蜗牛，没有房子安住，成群结队地向政府抗争，要求安住的房屋。不胜任的职员，被老板扫地出门，为不知今后安住何处而着急。流浪街头的穷汉，每日被警察驱赶；还有那有家归不得的亲人，更是苦不堪言。

　　人的生活，起码的要求，要有东西吃，要有地方住。有的人把自己的身心安住在花园洋房、高楼大厦里；但是万一房子倒了，怎么办？万一房子失火了，怎么办？有的人把时间安住在声音里，听广播，听音乐，听人讲话，听鸟叫虫鸣；但是声音过去了，如何消遣时间呢？

　　《金刚经》叫人不可住于色、声、香、味、触、法等六尘的境界上。那么我们的身心究竟"云何应住"呢？

　　有人天天要钱，但金钱不可以永久安住，金钱是五家所共有，如流水一般，流来流去；金钱只有给人患得患失，不能给人安住。

安住在爱情里吗？爱情的风云变幻，经不起人事时空的情爱纠葛，你看，社会上离婚、遗弃、婚外情的案件，不是层出不穷吗？

安住在事业上吧！天天东奔西跑，甚至吃饭都不回家，妻离子散。有人把身心安住在读书上，读书很好，但也有人成为书呆子，这就不好了。安住在信仰上，但是万一信错了，迷信、邪信，那就更为糟糕了。

以上都是一般人认为正当的安住，但都不完全适当，更何况是非法的安住呢？

非法的安住，有人把身心安住在吃喝玩乐的上面，到最后一事无成；有人把身心安住在声色犬马之中，到最后一无所有。有人寄情于山水，山水是大自然界的，不是我们所私有；安住在功名富贵上，然而"荣华总是三更梦，富贵还同九月霜"，这些都非久恋之所，更非久居之处。

我们究竟"云何应住"呢？《华严经》说："常乐柔和忍辱法，安住慈悲喜舍中。"我们要求身心的安住，如果你喜欢柔和忍辱，你拥有慈悲喜舍，那你就找到身心的安住处了，这才是我们永远的故乡！

屈伸自如

某位居士的夫人悭吝不舍，对于社会的任何善举，从不响应，丈夫请默仙禅师给予开导。禅师至其家中，见到女主人，即刻伸开手掌，问曰："我的手，经常如此，不能收缩，如何？"夫人曰："这是畸形！"禅师又再把手合起来，问道："如果每天只是紧握而伸不开，如何？"夫人曰："这也是畸形！"禅师说："自己不爱惜东西，全部给人，这是畸形；自己对金钱紧握不放，一文不舍，这也是畸形！"

禅师说后，即刻告辞而去。某居士的夫人这才知道，自己平时不肯为世间乐善好施，原来是一个畸形的人生。

世间确实有不少的人乐于助人，自己不接受别人的善意，这虽不是沽名钓誉，但也是不正常的畸形；一个人如果只想接受别人的赏赐，自己不肯回馈社会大众，所谓一毛不拔、一钱不舍，这也是畸形。

佛教讲"结缘"，人给我，我给人，都是同等的重要。所谓

"财法二施，等无差别。"如果我们接受别人的，自当滴水之恩，涌泉以报；如果我们布施给人，也要感谢对方给我有个与你结缘的机会。能够有来有去，有去有来；收受同等，屈伸自如，这才是应有的行为。

语云："大丈夫能屈能伸"；真正懂得财物的人，能给能舍，能舍能受。就如一个人，四肢屈伸自如，才会舒服；睡觉的时候，能够左右翻身，才能安眠入睡。如果只能屈不能伸，或是只能伸，不能屈，当然就是畸形。所以对于财物要能"舍得"；能舍才能得，有得也要能舍。我们个人的财富本来就是取之于社会，当然也要用之于社会；能够懂得将个人之财，化为大众团体所共享，这才是富有的人生。

"屈伸自如"不仅是物用之道、养生之道，也是人际往来之道。人生的前途，当遇到困难挫折时，你要懂得转弯、变通，所谓"穷则变，变则通"。当汽车驶进了死巷，你怎能不转弯呢？当在人前应该表示自尊的时候，你要抬头挺胸，以示正直；当应该对人谦虚时，你也要低头屈身，以表示尊敬。如果只知道昂首阔步，不会曲躬弯身，不会受人欢迎；如果只知一味地卑躬屈膝，不能自持自重，也会被人轻视。所以，一个人当直、当屈，当进、当退，能够屈伸自如，这才是最好的处世之道。

习气与习惯

　　每个人都有习气，每个人也都有习惯。习气多数是不好不坏，例如好吃、好买、好睡、好美，这都是习气；而习惯则有好有坏。好的习惯，例如整齐、端庄、礼貌、微笑等；坏的习惯，诸如赌博、烟酒、偷窃、懒惰等。

　　习惯容易变换改正；习气比较难以去除改好。把坏习惯改成好习惯，只要有决心，例如好赌的人，只要决心不涉足赌场；好烟酒的人，只要决心不碰触沾染，自能戒除。可是烦恼余习，不但影响一生，甚至和业力一样，影响及于来生后世。例如：牛嗣尊者虽是罗汉，但平时嘴巴总是不停地动来动去，因为他往昔生中曾经多世为牛马，反刍惯了，习气仍在；大迦叶虽已证果，但一听到音乐，仍会情不自禁地手之舞之、足之蹈之。甚至即使是等觉的菩萨，因为一分生相无明未断，就如十四夜晚尚未圆满的明月，此皆因为余习未断也。

　　有一则寓言：一只毒蝎想要过河，就央请乌龟帮个忙，载它一程。乌龟怕毒蝎；毒蝎说："你放心，你背着我，万一我啄你，你死了，我又岂能独生？"乌龟听了觉得有理，于是就好心地背着毒蝎过河。游到河的中央，毒蝎对着乌龟的头上一螫，乌龟责怪毒蝎背信忘义，毒蝎满脸歉疚地对乌龟说："我并不想伤害你，怎奈我已螫人成习，实在真是对不起啦！"

所谓"烦恼易断，习气难改"。我们如何才能去除恶习，养成良好的习惯呢？如果单靠别人帮忙是有限的，这必须要靠自己的努力和决心。如果你懒惰成了习惯，自己不勤劳精进，即使有良师益友，对你又能奈何？如果你聚敛贪心，不到罪恶昭彰，没有锒铛下狱，你是不会觉悟的。所以，把坏习惯改成良好的习惯，要靠环境的熏习，教育的陶冶，但最主要的还是要靠自己的决心。

例如，身、口、意都染上不良的习惯，就必须自己痛下针砭；正如生锈的刀剑，如果不用快石磨利，怎么会有威力呢？腐朽了的木材，如果不加以补强，怎么能成为建材呢？

习惯固然难改，习气更不容易修正。所谓"江山易改，本性难移"；本性在缠，即称之为习气。虽然说"人之初，性本善"，但是在我们的本性受了世间习气的熏染，也需要相当的努力，才能把染污了的习气去除。正如千年的古镜染上尘埃，如果没有时时勤拂拭，又何能具见光明呢？

心无挂碍

经常听人抱怨说：生活的担子压迫得让人透不过气来！也经常有人说：心里的压力让我快要受不了了！

"心中的挂碍"的确让人不得安宁。人的心中究竟有什么挂碍呢？从小我们就挂念父母不喜欢自己；读书以后，挂念自己的成绩不好；结交朋友，挂念朋友看不起自己；经营生意，挂念能否赚钱；有病时，挂念生死痛苦；老年时，挂念无人奉养……一生就在"心有挂碍"中，悄悄地过去了。

即使在现实的生活中，也无时不在挂念。早晨就开始挂念一天工作的压力；到了夜晚，挂念家居的安全；即使在睡梦中，也挂念远方的家人是否平安！

早晨外出，挂念是否会遇到交通阻塞；晚上下班，挂念是否会遇上坏人。没有存款，挂念以后生活艰难；积聚金钱，又怕金融风暴，物价上涨。甚至有人挂念：宠物有没有人喂食？花草有没有人浇水？朋友有没有来过电话？儿女读书是否成绩很好等等。挂念,挂念! 难怪有人说,心上的石头实在压得人喘不过气来!

佛法非常同情人有太多的挂碍;我们每天东奔西跑,可以说负荷已经很重了,但心中还有七情六欲的挂念、有人我是非的负担等等。人的一生,实在是给一个苦难的挂碍害惨了。

如何才能超脱苦难呢? 就是要"心无挂碍"。有的人被名枷利锁给束缚住了思想;有的人让爱情得失给束缚住了心灵。有人说,人生苦短;有人说,人生路长。心无挂碍,当然就人生苦短;心有挂碍,当然就人生路长。

所谓"心中有事天地小,心中无事一床宽"。佛法告诉我们,对世间的荣华富贵、妻子儿女等等,你要把它当成是一个皮箱:用的时候,把它提起;不用的时候,你把它放下。当提起的时候你不提起,当放下的时候你不放下,你的人生自然就不会好过了! 所以,提得起,放得下,这就是"心无挂碍"的美好生活了!

瞋恨之害

你会生气吗? 你会发怒吗? 你会骂人打人吗? 你会怨天尤人吗? 如果有,那就是瞋恨!"瞋恨之火,能烧功德之林!"我们很多的功劳、功德、功行,因为瞋恨之火,一下子就把它们烧得精光,实在可惜啊!

当瞋恨心起来的时候,人往往忘记了自己的修养,也不顾自己的风度,什么义理人情,什么心平气和,统统都抛诸脑后了!

瞋恨,与爱相反。所谓"爱之欲其生,恶之欲其死",平时相爱的夫妻,一旦生气的时候,拍桌砸碗;桌椅碗盘也没有得罪他,而他不但拿碗盘出气,还怪儿女、骂别人,甚至怪世界上的人都不好,好像所有的人都得罪他。所以,当瞋恨心生起的时候,他就没有了世界,没有了朋友,没有了亲人,没有了自己。

人,为什么要瞋恨生气呢? 有时因为不承认自己的过失,不能听逆耳的忠言，不肯接受一点的损失，不希望别人比他好。你看！天在下雨，他就怪老天不好；忽然刮风了，他也怪气候无情。你不能和他有不同的意见，你也不能背着他做你自己的事情，那都是瞋恨心的来源。

汽车抛锚了，大骂汽车气死人；电视上演自己不喜欢的节目，恨不得一脚把它踢烂。咒骂车船误时，怨怪饭菜不合口味，甚至把看病救命的医师都告到法院去，对自己爱过的亲戚朋友反唇相讥。甚至瞋恨生气的时候，自己不吃饭，不睡觉；这是和瞋恨过不去呢？还是和自己过不去？过去汽车要靠蒸汽才能往前开动，飞机要靠电气才能升空；气之威力，大矣哉！

台风的形成，也是因为气压的关系；原子弹的威力，也是靠气爆的原理，这些心外的"气压"就已经很可怕了，而心内的怒火推动的"生气"，其摧毁的威力更是可怕喔！

"一念瞋心起，百万障门开！"如果我们想要消灭瞋恨的火焰，必须要用慈悲的法水。假如要冲淡、抵消瞋恨的气压，就必须敞开心中的门窗，否则，只有让瞋恨之火烧身，只有让瞋恨之气压榨了！

想当然尔

　　世间的人事，是非好坏，有的是当然的，有的是不当然的。当然的，不必去谈它，如果是不当然的，就会排斥，就会怨怼，就会不自在、不安然。顺境当然很好，如果逆境是不当然的，也能把它看成是当然的；所谓"逆来顺受"，也会有无限的喜悦快乐呀！

　　自然界里，和风能令万物生长，霜雪也能令万物成熟。在我们人生的过程中，父母管教严厉是当然的，因为他为了要你将来成才；老师逼着你用功，这也是当然的，因为他为了让你有好的成绩。同学之间的竞争，这是当然的，因为有竞争，才有进步；人情浇薄，这也是当然的，因为要你发挥有情有义的人生。军队严苛的训练，这是当然的，因为战场上不能有分毫的出错；老板要求加班工作，这也是当然的，因为增产才能获利。

　　儿女向父母要求养育读书，这是当然的，因为教养是父母的责任；穷朋友经常向你借贷求助，这也是当然的，因为他贫穷，需要你助他一臂之力。

凡是把不当然的，都能看作是当然的，就会心平气和，就能不抱怨。所以春天花开是当然的，夏天炎热也是当然的，秋天萧条也是当然的，冬天死寂也是当然的。

别人的富有，因为他勤劳，这是当然的富有；别人的发达很快，这是他的福德因缘，当然能荣达。隔壁邻居家中平安和顺，这是当然的，因为他们的教育修养好；某人家的升官发财，这也是当然的，因为他们的条件和运气都够好呀！

想到吃苦，这是当然的，因为不吃苦中苦，哪能成为人上人？想到困难，这是当然的，因为不经一番寒彻骨，哪有梅花扑鼻香？想到受气也是当然的，想到给人欺压也是当然的；当然的里面，有许多的功德成就呀！

在人海沉浮中，受苦受难是当然的，唯有随喜随缘，才能找出通路；在婆娑世间里，给人欢喜是当然的，唯有为所当为，才能有所贡献。

人生在世，只要你争气，把"不当然的"都当成是"当然的"，还有什么问题不能解决呢？

小丑的角色

在非历史的电视剧"宰相刘罗锅"中，有一位令人讨厌，却为乾隆皇帝所欢喜的大坏蛋和珅，他自嘲说："忠臣人人尊敬，我不是忠臣；奸臣人人讨厌，我也不是奸臣；我只是一个弄臣而已！"

一代名君贤主的乾隆皇帝，喜欢忠臣吗？他需要忠臣，但他不欢喜忠臣的耿直；他喜欢奸臣吗？当然他不喜欢奸臣！他喜欢什么呢？他喜欢弄臣和珅！

弄臣是什么？弄臣不是忠臣，但也不是奸臣！他为了讨好主子，一切以主子马首是瞻；他奉承主子，逢迎拍马。弄臣是小丑的角色，但没有小丑那么可爱。

小丑在戏剧里，不是一个大角色，但也不是一个小角色。他逗人取笑，给人欢喜；他在大忠大奸之外，不像弄臣，只讨一个人欢喜，他为万千的观众增加笑料。

在舞台上演忠臣，要有忠臣的耿直气势；演奸臣，要有奸臣的邪恶嘴脸。演小丑不容易，因为舞台上的角色，有"忠肝义胆"，有"有情有义"，有"大奸大恶"，有"老奸巨猾"，各种人等都有他好坏的重量，唯有小丑，他没有重量。

一般人喜欢看小丑的演出，主要的，就是看小丑的逗趣如何。小丑也有高级的，也有低级的。高级的小丑，诙谐风趣，一言一动都能让人捧腹；低级的小丑，只有装腔作势，损人而已。

人生，也是一个舞台，我们在世间做不到一个大忠臣；但是宁可做小丑，也不要做奸臣。

你能做一个小丑吗? 请听一段歌词：

掌声在欢呼之中响起，眼泪已涌在笑容里；

启幕时欢乐送到你眼前，落幕时孤独留给自己。

是多少磨炼和多少眼泪，才能够站在这里；

失败的痛苦，成功的鼓励，有谁知道这是多少岁月的累积?

小丑，小丑! 把小丑的辛酸，化做喜悦，呈献给你!

小丑，是渺小的，但也是伟大的! 戏剧里不能没有小丑；现实的人生里，我不伟大，我也不崇高，但我能扮演好一个带给他人欢乐的小丑!

赞美的艺术

赞美是最好的口德，中国人喜欢戴高帽子，此即从赞美而来。佛教里，弥勒菩萨和释迦牟尼佛本乃同时修行，释迦牟尼佛因为多修了一些赞美的语言，因此早于弥勒菩萨三十劫成佛。

赞美也要讲究得当与否。赞美得当，则是真实语、如实语；赞美不得当，就是妄语、绮语、盗世欺名之语。例如：联合国世界佛教总部有一次在某地召开佛教正邪研讨会上（首先光说这个会议的名称就叫人费解），大会主席在开会的第一天即大大赞扬某位人士，第一次说他的佛法造诣超过台湾地区当代的学者专家，第二次又说是超过历史上所有的高僧大德，是为"显密圆通，五明妙谙"的佛门巨匠。如此贬古褒今，死人当然不会出来抗议，但这种自赞毁他、不够真实的赞美，实在不具艺术。

再如现在密教的仁波切，都自称是活佛、是无上师、是金刚法王；把自己视为世间唯一、至高无上、无等至尊、大成就者、唯一胜妙等，不够含蓄的赞美，当然不具艺术。

赞美要有艺术，要能皆大欢喜，要能实至名归。故而我们赞美唐太宗，只说他勤政爱民；赞美武则天，只说他善于用人；赞美康熙帝，只说他善于融和种族。乃至对唐代的名相功臣，例如长孙无忌也只说他是一代良相，对魏徵则说他是有风骨的谏臣等等。

近代画家张大千先生，留了一把很漂亮的胡子，人称"美髯公"。由于大家平日只知赞美他的胡子，反而不提他在艺术上的造诣，为此他甚感不悦。有一次，一群慕名者又再大加赞美他的胡子，他终于忍不住说了一个故事：

三国时期，孔明六出祁山，希望找一位主帅。张飞的儿子张苞与关公的儿子关兴争相为帅。孔明难以决定，便要他们二人各自称赞父亲的功劳，以为标准。张苞说："我父亲大喝长坂坡，能斥退曹操的兵将，能义释严颜；在百万大军中取上将首级，更如探囊取物。"关兴因为口吃，一直想说其父关公的事迹，但又说不出来，只有结结巴巴地说："我父亲的胡子很长。"这时关公在云端显灵，生气地大骂："小子，你父亲过五关斩六将，诛文丑，斩颜良，一世的英名，你不知道赞美，只说胡子很长。"

因为赞美不当，因此就有此笑话。所以，佛教很重视赞美的修行，不但"礼敬诸佛"，还要"称赞如来"；然而赞美也要得当，否则不免令人有阿谀、逢迎之感，甚至还会如上述所说，徒然遗人笑柄，反为不美！

三合板哲学

　　现代的建筑材料，用得最多的，大概就是三合板了。你看！一栋房子的隔间、装潢，从里到外，一扇门、一个天花板，甚至一张桌子、一条板凳，都是用三合板。三合板已经成为现代生活中不可或缺的重要建材。

　　所谓"三合板"，就是在二层木板的中间夹杂一些碎木屑，经机器加压辗平而成，一般称为"三夹板"，这是一种废料的再利用。

　　世间，能干的人都能"化腐朽为神奇"，都能给予废料再制造，例如：一个良将，残兵败卒也能训练成勇士；一个名医，枯木朽石也能炮制成仙丹；一个名匠，破铜烂铁也能锻炼成精钢；一个巧妇，剩菜残羹也能烹煮成佳肴。

　　木板和木板可以合成再利用，甚至还可以加入各种颜色的染料，使得三合板不但坚固，而且外观更加鲜丽多彩。

　　世界上的一切事，靠单一成功是不可能的，必须要结合

"二合"、"三合"、"四合"，甚至"多合"的因缘，才能完成功用。

单身的女子不容易生活，所以纵使有人标榜"单身贵族"，但是毕竟为数不多。现代女子求夫，总是希望对方能有英雄的气概，有女性的俊美，有哲人的思想，有圣人的品性；甚至外加经济、学历、家世背景都要特出，这就是结合多重的因缘，才是三合板的功用。

再如一个男性，没有另一半，他也难以生活。例如管家、洗衣、煮饭这许多的家务，家里没有一个女主人，实在就不像一个家庭，所以要征求女性伴侣。他希望女性也是一块"三合板"：有娇媚的面容，有温柔的气质，有高贵的仪态，有讨人喜欢的性格；其他还要有知识、女红、技艺等特长。因为结合很多的因缘，才能成为三合板。

人，不能没有要求，但也不能要求过多，一层太单薄，多层太累赘，三层最适中。所以，男女之间的要求，不要太多。

三合板的观念，扩充及于人生社会，我们对国家社会、对亲人朋友，不能没有要求，但不可以要求太多。三合板，适可而止；如果希望太多，那就只有要求自己了。

世间万象毕竟是万象，就让自己做一个"三合板"来加以融和吧！

不知道的快乐

俗云："眼不见，嘴不馋；耳不听，心不烦。"凡事都知道，自有知道的乐趣；有时候不知道，也有不知道的快乐。

人家背后批评我，我不知道，也就随他去了；有一些忧烦的事，我已记不得，那就任他去吧！假如有人想算计我，有人讨了我的便宜，因为我不知道，心里就不会有挂碍。亲朋好友，有一些不顺利的事，我不知道，就不会为他忧烦；家人骨肉，发生了一些不幸的事，我不知道，也不会为他着急。

不知道，自有不知道的无限妙趣。你背着我偷吃东西，我不知道，我就不会想吃；你瞒着我拥有很多东西，因为我不知道，我就不会嫉妒你而放不下。

明天有一些不好的事，我今天不知道，我今天就能过得很快乐；明年我有一些灾厄危难，因为不知道，我今年就会活得很安然。

人都希望要知道很多；其实知道得越多，烦恼也越多。知识不但是烦恼的根源，知识有时也会生病；知识生病了，就成为"痴"。社会上所谓"智慧型的犯罪"，这不就是因为知道得太多，知识太丰富了，结果聪明反被聪明误吗？

甚至今日科技发达，也为人类带来了更多、更大的痛苦。例如发明枪炮子弹、原子核能等武器，结果其杀伤力愈大，人类的苦难也就愈多。乃至汽车、飞机的发明，造成今日交通事故不断，空难频传。尤其现代最新科技ＤＮＡ的基因比对，使得一些原本幸福美满的家庭，因为发现相爱的夫妻原来是兄妹，原本疼爱的儿女竟是妻子外遇的结果，如此"知道"，教人情何以堪！

人都有"知"的权利，所谓"先睹为快"；凡事是我第一个知道的，就会感到洋洋自得。然而，对于血淋淋的凶杀案，你看了独家报导，听了第一手资料采访，目睹电视上播出的最早画面，难道这些都会让你感到快意吗？

社会上有许多专家学者，他们知道天下国家大事，甚至知道古往今来，试问：他们真的很快乐吗？

所以，当知道的时候应该知道，因为太过无知，就会给人批评为愚蠢；不应该知道的，也不必要知道，所谓"大智若愚"，如此才不会失去原有的自在。

世间的事，都是从分别而认识、而知道；既然是分别意识中的知见，就会计较，就会患得患失。所以，僧肇大师喊出"般若无知论"，以般若智慧的最高极限乃是"无明而知"；也就是要从大圆镜智不分别而能全部现前,这才是圆满的真知,否则所谓"难得糊涂",面对世事纷纭,不知道也自有不知道的快乐啊!

邪理可怕

现在的人，不明白道理，愚痴倒也罢了！有时候他把不是道理的道理，执着以为是道理，似是而非，所谓道理成为"戒取见"、"戒禁取见"，才是可怕。

有个学生考试作弊，老师说："我警告你，你偷看邻座的考卷已经三次了。"

学生说："老师，你不要怪我，你应该要怪他，是他把字写得又小、又潦草，否则我只要看一次就够了！"

亏得这种学生，竟然可以跟老师讲出这样的歪理来，邪理真是可怕啊！

有一位机车骑士闯红灯，被警察拦了下来，警察质问他："你为什么要闯红灯？难道你没有看到红灯吗？"

骑士回答道："警察先生，红灯我是看到了，只是我没有看到你！"

这个骑士的邪理，竟然也亏他说得出口！

祖父因为孙儿不乖，打了孙儿一个耳光。孙儿的父亲见了，心中不欢喜，立刻自己打自己的耳光。祖父问儿子道："你为什么自己打自己呢？"

儿子回答说："因为你打我的儿子，我也要打你的儿子！"

世间亏得也有人说得出这种的歪理，真叫人觉得不可思议！

一个小偷偷了人家的三千元，被主人抓到，责问他："你怎么可以偷我的钱财？"

小偷说："你荷包中有五千元，我只偷了三千元，你还要计较什么！"

歪理，邪理，实在是可怕！佛教讲"真理"，真理必须有条件的限制。一句话，有理没有理？一件事，有理没有理？就看你这一句话、这一件事，有普遍性吗？有必然性吗？有平等性吗？有永恒性吗？合乎这许多的条件，就叫做真理；不合乎这许多的条件，就是歪理、邪理。凭恃歪理、邪理行事，终究不能永久见容于人，所以不得不慎啊！

一个人无理取闹，就已经很可怕了，假如他再用似是而非的歪理、邪理来跟人相处，此人比无理之人更加可怕吧！

过去佛教寺院的禅堂里，有理三扁担，无理也是三扁担，打得你都没有理，所谓"打得念头死，许汝法身活"，这也不是没有道理喔！

不二法门的哲学

　　佛光山有个"不二门"，常有人问：什么意思？

　　佛光山坐北朝南，每天早上，太阳从东方升起，到了黄昏，又从西方下去；升也未曾升，下也未曾下。何以形容呢？"不二"之谓也。

　　人有生，也有死。太阳从东方升起，如人之生也；太阳从西方下去，如人之死也。生也未曾生，生了要死；死也未曾死，因为又会再生。所以，基本上，人生是"生死不二"也！

　　有人说：中国文化是东方文化，欧美文化指为西方文化。东方文化重视人文精神，是为体；西方文化重在科学应用，是为用。东西文化，体用不二，是为"不二"也。

　　佛光山的"不二门"，取自于《维摩经》的"不二法门"之意。在《维摩经》记载，有一天，维摩居士示疾，文殊菩萨率领诸大菩萨前往探病，双方就在维摩丈室里讨论起"不二法门"之意来。

首先，在场的三十一位菩萨，各就所见，提出发言。最后文殊菩萨说："照我的见解，于一切法无言无说，无示无识，离诸问答，这才是入不二法门。"

文殊菩萨说后，反问维摩诘说："现在换我来请问你，菩萨是怎样进入不二法门的。"此时维摩诘默然无对，众皆愕然，唯有文殊菩萨智慧超人，懂得此中奥秘，乃向大家说："善哉！善哉！乃至无有语言文字，是真入不二法门。"

像这么奔放美丽的人生哲学，真是令人不禁拍案叫绝！

在世间，"善和恶"，善的不是恶，恶的也不是善，我们要分清楚；"是和非"，是不是非，非也不是是，我们要分清楚；好不是坏，坏不是好，我们要分清楚。等于大不是小，小不是大，因为这是世间法，必定要有一有二，要承认这个事实。

所谓"不二"，这是佛法上的出世法，佛法讲"烦恼即菩提"，理上是不二的。例如，原本酸涩的菠萝、柿子，经过和风的吹拂，阳光的照耀，就能成熟而变成滋味甜美的水果，可见酸即是甜，甜离不开酸。所以"烦恼即菩提"，这是出世法。

出世法看世间，是从理上来解悟，但是在还没有觉悟的时候，不可以在理上废事。我们可以用理来解事，可以因事而明理，能够"理事圆融"，那才是真正的"不二"。我们若能将"不二法门"的哲学应用在生活上，自能"人我一如"、"自他不二"也！

学习关心

世界上美好的事情很多，"关心"是最为人所需要了。例如移民关心祖国、游子关心家庭、父母关心儿女，乃至关心生病的亲人等；"关心"，实在是最美好的事！

关心，在沟通彼此的尊重；关心，在沟通彼此的存在。"关心"可以从日常生活中表露无遗，例如，不管中外人士，早晨见面，识与不识，都说"你好吗？"甚至中国人相互见面了，打招呼就是"你吃过饭了没有？"这都表示关心。

"烽火连三月，家书抵万金"；因为从艰难危险中，能够获得了平安的讯息，更比万金可贵。所以，亲人相隔千里万里，能够打一通电话、写一纸卡片，总是表示关心。

听人倾诉，是表示关心；专程访问，也是表达关心。适当的送礼、灾情的慰问、疾病的关怀、考试的祝福、喜丧婚庆的致意等。总之，一句关心，就是代表一种善意、一种友爱、一种祝福、一种联络。

尤其，对于弱小的、对于苦难的、对于失意的、对于挫折的，更需要人的关心。一通鼓舞的电话，一封慰问的信函，一些适时的探望，可能在对方就是一个转折点。

关心，比物质、金钱的救助更为重要。现在的社会进步，凡是有善心的人，都抱着"人饥己饥，人溺己溺"的爱心，给予救灾恤贫，给予多方协助。但是，老弱的人最需要的是关心，贫苦的人更希望的是关怀。因为"救济"容易使人没有尊严；"关心"会令人得到鼓舞。所以，佛陀关怀愚笨的周利盘陀伽，关怀担粪的尼提；尤其佛陀说，对于病苦的众生，更要多一分关怀。我们从小受过多少人的关怀，但是我们关怀过别人吗？

学习关心别人，更要懂得关心自己。例如，春天到了，你有播种吗？大考到了，你有读书吗？午餐时间到了，你有煮饭吗？客人要来了，你在接待上有困难吗？

所谓"贫在闹市无人问，富在深山有远亲"。荣华富贵的人，你可以不去记着他；穷困潦倒的时候，你能伸出友谊的手，可能比黄金还要宝贵。所以，锦上添花不名为关心，能够雪中送炭，才是最好的关心。

结缘的重要

世间最宝贵者，并非黄金白玉，也非汽车洋房，最可贵者乃是"缘分"。人与人要有缘分才能合好，人与事要有缘分才能成功，人与社会，乃至事事物物、你、我、他等等，都要有缘分才能圆满功德。

"缘"之一字，意义甚深。结缘就是播种，不播种，将来怎么能有收成？结缘愈多，银行的存款也就愈多，银行的存款多了，还怕事业没有成就吗？世间的一切功成名就，都有原因，而一个人要想成就一番事业，必须要靠"因缘"。

世界上有的人富可敌国，但是没有人缘，到处被人嫌怪；有的人贫无立锥之地，反而到处受人欢迎，这都要看他平常是否与人"结缘"。

佛陀告诉我们："未成佛道，先结人缘。"结缘的方法很多，例如对人行个注目礼，就是用眼睛跟他结缘；赞美某人很好，就是用口与人结缘；或是用服务、用技术、用心意、用道理都能跟人结缘。

"缘"不是佛教的专有名词，缘是宇宙人生的真理，缘是属于每一个人的。人的一生中都是在"缘"中轮转，例如机会就是机"缘"，众"缘"和合才能成功。建房子少个一砖一瓦，都不算完成。在人生的旅途上，有的人碰到困难就会有贵人适时相助，这都是因为曾经结缘的缘故。所以今日结缘就是来日患难与共的准备，"结缘"实在是最有保障的投资。

"给人利用"也是一种"结缘"。人不仅不要怕给人利用，有东西也不要怕给人分享，因为人与人都是相互关系的存在，彼此是一种因缘的组合。因此，"给人"就是给自己，帮助别人就是帮助自己。

"结缘"能化解嫌隙，平日抱持"结缘"不"结怨"的态度，容他、耐他、化他、度他，待时机成熟时，一定可以获得对方的好因好缘。

人是依靠因缘而生存在这个世界上，一个人的力量是单薄的，应该多多广结善缘，因缘愈多，成就愈大。有时一句好话、一件善事、一个微笑，都能给我们的人生广结善缘，成就大好功德。所以，每个人都不能轻易放弃任何结缘的机会。结缘，使我们的人生更宽阔，前途更平坦。积德结缘的人生，才是幸福的根源。

附录：
星云大师佛学著作

中文繁体版

《释迦牟尼佛传》

《十大弟子传》

《玉琳国师》

《无声息的歌唱》

《海天游踪》

《佛光菜根谭》

《佛光祈愿文》

《合掌人生》

《星云法语》

《星云说偈》

《星云禅话》

《觉世论丛》

《金刚经讲话》

《六祖坛经讲话》

《八大人觉经十讲》

《观世音菩萨普门品讲话》

《人间佛教论文集》

《人间佛教语录》

《人间佛教序文书信选》

《人间佛教当代问题座谈会》

《当代人心思潮》

《人间佛教戒定慧》

《迷悟之间》（全十二册）

《人间佛教系列》（全十册）

《佛光教科书》（全十二册）

《佛教丛书》（全十册）

《往事百语》（全六册）

《星云日记》（全四十四册）

中文简体版

《迷悟之间》（全十二册）

《释迦牟尼佛传》

《在入世与出世之间——星云大师佛教文集》

《宽心》

《舍得》

《举重若轻·星云大师谈人生》

《风轻云淡·星云大师谈禅净》

《心领神悟·星云大师谈佛学》

《不如归去》

《低调才好》

《一点就好》

《快不得》

《人生的阶梯》

《舍得的艺术》

《宽容的价值》

《苹果上的肖像》

《学历与学力》

《一是多少》

《三八二十三》

《未来的男女》

《爱语的力量》

《修剪生命的荒芜》

《留一只眼睛看自己》

《定不在境》

《禅师的米粒》

《点亮心灯的善缘》

《如何安住身心》

《另类的财富》

《人间佛教书系》(全八册)

《佛陀真言——星云大师谈当代问题》(全三册)

《金刚经讲话》

《六祖坛经讲话》

《星云大师谈幸福》

《星云大师谈智慧》

《星云大师谈读书》

《星云大师谈处世》

《往事百语》(全三册)

《佛学教科书》

《星云法语》

《星云说偈》

《星云禅话》

《包容的智慧》

《佛光菜根谭》